東京エレジー
居酒屋十二景

太田和彦

集英社

東京エレジー　居酒屋十二景

目次

春・田端 7

夏・浅草 25

秋・阿佐谷 41

冬・新宿 57

春・湯島 73

夏・銀座 89

秋・日暮里 109

冬・麻布 125

春・下北沢　　　　　　143

夏・佃　　　　　　　　161

秋・神保町　　　　　　179

冬・千駄ヶ谷　　　　　195

松本——東京前史　　　211

あとがき　　　　　　　228

春・田端

ＪＲ田端駅南口は、山手線で最も古い電車駅の雰囲気を残す。長いホームの端に〈南口にトイレはありません〉と表示され、駅員一人の改札口はわずか三つ。三角トタン屋根の小さな駅舎から、この駅のためだけの長い一本道が上り坂へと延びる。出口こそ石畳になっているが、すぐ黒いアスファルト舗装にかわる風情のない坂だ。右土手の桜はわずかに最後の花を残して裸の幹が寒々しい。

ここは高台で、目の下には線路が無数に並走する。奥は東北本線在来線、中の高架は東北と上越の新幹線、手前は山手線・京浜東北線。山手線の終点は田端なのだそうだ。山手線はここから西の谷あいに大きくカーブして京浜東北線と分かれ、東北本線は北へ進路をとる。田端は列車の分かれるところだ。分かれる列車は離れ去る気持ちを抱かせる。

重なる鉄道の先は茫漠と広がる家並みだ。さしたる建物もないまま東の彼方には東京スカ

イツリーがかすんで見える。南口の利用客は少なく、立ち止まって眺める北東京の風景は開放感が淋しい。

*

これといった人生の達成感もないまま六五歳を超えた。人が皆いなくなってしまった気がする。今は居酒屋だけが友達だ。新しい店はもういい。昔訪ねた居酒屋を巡り歩こう。しかし、まだあるだろうか。

坂上の道路を折り返すとセレモニーホールで、人影も車もなく〈○○家式場〉の小さな貼紙がはがし忘れたように残る。向かいのカフェ「裏口の珈琲屋」は開いているが客はいないようだ。

広くなった道の両側の桜老木は、もう花はなく若葉のみ。建築用地に空けたらしい土地は何年か前もこのままで、今日は曇っているが、晴天ならばここから筑波山が見えるかもしれない。店名の由来は伊能忠敬と思われる「江戸・明治・大正・昭和古地図　忠敬堂」は店を閉めたようだ。

先の跨道橋〈東台橋〉は深い切り通しの下を車が走る。田端は高台と低地の差が大きなまま続く。東台橋から長い急段を下りた北口はすっかり新しくなった。いくつもある改札口は開放的で、周辺にしゃれた店も入り、うらぶれた南口とは別の町に来たように、人もいてバスを待っている。

すぐ前の丸い建物「田端文士村記念館」におおむねこのような解説がある。

〈明治中期まで、田端は閑静な農村だったが、明治二十二年上野に東京美術学校が開校されると徐々にその姿を変え、上野とは台地続きで便が良かったことから、美校を目指し、学び、巣立った若者たちが田端に住むようになった。明治三十三年には洋画家・小杉放菴、三十六年には陶芸家・板谷波山、四十年には彫刻家・吉田三郎、四十二年には鋳金家・香取秀眞など芸術家が続々と転入。画家を中心とした、テニスコート付きのポプラ倶楽部も誕生するなどさながら芸術家村となった。大正三年、当時東京帝大学生だった芥川龍之介が転入して転機が訪れた。五年には室生犀星も移り住み、競うように作品を発表。二人を中心に菊池寛、堀辰雄、萩原朔太郎、土屋文明らも居を構えるなど、大正から昭和にかけて田端は「文士村」となった〉

記念館は入場無料。平日の午後、解説ビデオの前の長椅子に一人座る黒スーツの勤め人ふ

うは、見学よりも休息に来たらしくメール通信に余念がない。落ち着いた木の内装の展示ホールに、田端関連文士・芸術家の写真と説明が壮観に並ぶ。私が名を知るだけでも野口雨情、中野重治、直木三十五、瀧井孝作、佐多稲子、林芙美子、川口松太郎、サトウハチロー。

田端で小林秀雄は出世作『様々なる意匠』を書き上げ、村上元三は直木賞受賞の報を聞いた。さらに社会運動家・作家の平塚らいてう、美術思想家・岡倉天心、漫画家・田河水泡、陶芸家・濱田庄司、洋画家・山本鼎、石井鶴三、挿絵画家・岩田専太郎、人形作家・鹿児島壽蔵などなど、往年の人々の意志的な顔がいい。

ガラスケース内の展示は色紙や原稿の複製だ。堀辰雄『風立ちぬ』の初版本と色紙〈向日葵は西洋人より背が高い 軽井沢にて 辰雄〉の字は書の雅味がある。室生犀星の初版『杏っ子』と色紙〈あんず あんずよ／花着け／地ぞ早やに輝け／あんずよ燃えよ／あああんずよ花着け〉はやや子供っぽい丸文字だ。どちらもこれという内容のない文だが、色紙は立派なことを書くものではないと聞いたことがある。

芥川龍之介の綴じ原稿『河童』は、当時病身ゆえか文字は小さく繊細だ。タイトル「河童」に「どうか Kappa と発音して下さい」と注釈し〈序〉になる。

〈これは或精神病院の患者、──第二十三号が誰にでもしゃべる話である。彼はもう三十

を越してゐるであらう。が、一見した所は如何にも若々しい狂人である。僕は彼と向かひあ

つたまま、愉快に初冬の半日を暮した〉。〈僕は〉以降は棒線で消してゐるのが興味深い。

散文「東京田端」は、隣近所に知人が住み、気脈を通じてゐる気分を活写する。

〈時雨に濡れた木木の梢。時雨に光つてゐる家家の屋根。犬は炭俵を積んだ上に眠り、鶏

は一籠に何羽もぢつとしてゐる。

庭木に烏瓜の下つたのは鋳物師師香取秀眞の家。

竹の葉の垣に垂れたのは、画家小杉未醒の家。

門内に広い芝生のあるのは、長者鹿島龍蔵の家。

ぬかるみの路を前にしたのは、俳人瀧井折柴の家。

踏石に小笹をあしらつたのは、詩人室生犀星の家。（……）

時雨の庭を塞いだ障子。時雨の寒さを避ける火鉢。わたしは紫檀の机の前に、一本八銭の

葉巻を啣へながら、一游亭の鶏の画を眺めてゐる〉

ビデオ解説「芥川龍之介」のボタンを押し、長椅子に腰をおろした。着流し姿で庭木に登

る有名な映像には幼い比呂志も映る。麦藁帽子で煙草をふかすアップの視線が鋭い。越して

きて二年、大正五年の作歌が紹介される。

田端にてうたへる

なげきつゝわがゆく夜半の韮畑廿日の月のしづまんとす見ゆ

韮畑韮のにほひの夜をこめてかよふなげきをわれもするかな

シグナルの灯は遠けれど韮畑駅夫めきつもわがひとりゆく

韮畑があった田端への関心がひかる。さらに、

東京にてうたへる

刀屋の店にならべし刀よりしろくつめたく空晴れにけり

冬の日のかげろふ中に三越の旗紅に身を細らする

日本橋橋の麒麟の埃よりかすかに人を恋ひにけらしな

当時二三歳、鋭敏な感性の観察力が若々しい。一二年後、芥川は「唯ぼんやりした不安」の言葉を残して自殺。それを機に文士村は現在の大田区馬込に移ってゆく……。

そこへすぐ隣のホールから女声合唱が聞こえてきた。

春になったら　水のほとりへ　いきましょう
あたたかい水はあふれみち　果てもなく広がり
大空の　白い雲を　映すでしょう
春になったら　いきましょう
水のほとりへ　指きりげんまん
春になったら　春になったら

コンクールで聴くような本格的な二部合唱に思わず耳をそばだて、扉の前に歩み立った。
きれいだ、なんときれいなのだろう。春にはずむ乙女の気持ちが合唱にのって踊っている。
次は大好きな『春の唄』。

ラララ　赤い花束　車に積んで
春が来た来た　丘から町へ

すみれ買いましょ　あの花売りの

可愛い瞳に　春のゆめ

終わると、ややあって次の歌が始まった。

花のまわりで　鳥がまわる

鳥のまわりで　風がまわる　（まわる）

まわれ　まわれ

こまのように　うたいながら

地球のように　まわろうよ

『花のまわりで』は、一九五五年、全国唱歌ラジオコンクール小学校課題曲として作られた名曲だ。二節目の〈風がまわる〉にすかさず二声部が〈まわる〉と応える呼吸、春の野に、両手を広げてくるくる回るような明朗な気分がすばらしい。

不意に現れて心を奪うものがある。東京に出てきた若いときのある春の夜、梔子の匂う暗

い住宅地を一人歩いていて聞こえたピアノの練習曲に、その場から動けなくなったことがあった。今も仕事場の向かいのマンションからピアノが聞こえると、仕事の手を止め外に出て聴く。誰が弾いているかは知らないが、そこで無心に音楽を奏でていることが尊いと感じる。

小林秀雄が、大阪道頓堀で聞こえたモーツァルトの交響曲40番に釘付けになったというのはお話が上手すぎる気がするけれど、感性はわかる。

ピアノ伴奏ひとつで指導する先生の声はよく聞きとれないが、春の歌を中心に次々に歌われる曲には、歌うよろこびがあふれるようだ。どんな人たちが歌っているのだろう、不謹慎覚悟でそっと扉を開けると白髪も多いママさんコーラスだ。若々しい歌声から想像したよりも年齢は高いが、きちんと発声練習を積んだ声の美しさに一心に聴き惚れた。

＊

駅の北口、十数本もの線路を広大にまたぐ〈新田端大橋〉に隣接して架けた歩行者専用〈田端ふれあい橋〉は、両側にベンチを置いたちょっとした広場だ。その先の低地は家並みで、旧道のゆえか真っ直ぐな道は少なく、三差路、五差路が続いて複雑化する。一本道がど

17　春・田端

うしてここで斜めに曲がるのかわからないまま行くと滝野川第四小学校正門になった。校舎に《創立92年　未来へはばたけ滝四の子》と大きな標語がかかる。下校中の子が正門脇の桜の青葉を採って口に当て、器用に鳴らす。

すぐ前の三差路一角は小さな赤鳥居の続く稲荷神社で、赤ちゃんを抱く若い女性がお参りして出てきたのと入れ代わりに入ってみた。立て札がある。

《太田道灌公が　江戸城築上の際　方除け守護神として　江戸周辺に七つの稲荷社を祭ったと伝えられている　即ち　柳森稲荷社　烏森稲荷社　杉の森稲荷社　雀の森稲荷社　吾嬬稲荷社　宮戸の森稲荷社　それにこの東灌森稲荷神社である》

新橋の烏森稲荷は知っているが、柳に杉に鳥に雀か。手前の石鳥居は《献奉　新吉原江原町壹町目尾張屋彦太郎　安政四年亥巳歳十一月吉日》の銘。金網で覆われた、耳と口が真っ赤な狐石像一対の、右の狐は鍵を、左の狐は宝珠を抱えてこちらを睨む。

石を剞り貫いた古い《御手水清鉢台》にも説明が。

《此の台は寛政六年九月奉納されたが　文化十一年正月徳川十一代将軍家斉公時代再建したもの　裏面に　寄進した新吉原、下谷坂本、浅草聖天町、金杉、御蔵町、田畑村の有志の氏名が刻まれてある》

田端の地は、桜で有名な東の道灌山から上野の森、そして浅草へつながるイメージがわく。下は並走するレールが交錯し、また離れ、束をほぐしたように彼方まで続く。東京からどこまでも続くレールに解放と淋しさを感じるのは、そこに都落ちの気持ちがあるからだろうか。古い日本映画で跨線橋に一人たたずむ場面をよく見た。男も女も生活苦や叶わぬ心を抱いて立っていた。ゴーと音を立てて下を突き抜ける列車は自分も乗りたい気持ちをおこさせる。あれに乗れば今の境遇から逃げ出せる。それは広い東京の中で、一人で自分の心を見ている場面だった。

文士村記念館と線路をはさんだ南側が多くの文士たちが住んだ所だ。田端も馬込（まごめ）も文士村は高低差のある地形が共通するそうだ。高低が続く地は人生の上り下りを思わせ、高台からは人の世を見る気持ちを抱かせたか。滝野川第一小あたりには菊池寛。ポプラ坂には堀辰雄、岡倉天心。近くに萩原朔太郎。どの家と特定はできないがこの辺に暮らしたんだという気配は浮かぶ。

昔はなかった切り通しを越えて再び上がると芥川の旧居で、その先は田端駅南口から上がって来た所だ。今は石段になった駅への近道・不動坂を芥川は〈雨のふるときは足駄で下りるのは大分難渋だ〉と書いた。

19　春・田端

下校してきた中学生の男子三人が石段下に座り、なにごとか話している。目の前の茫漠と
広大な眺めは座りたい気持ちをおこさせるのだろう。少し前、泣き出しそうだった空から雨
がおちたが、濡れるほどでもなく止み、雲間から斜めの光が射してきた。

＊

駅北口下、路地角の居酒屋「初恋屋」は居酒屋好きにはちょっと知られた店だ。看板の魚
河岸料理が人気で予約も多い。数年前、名前にひかれて入ったとき、ねじり鉢巻きの主人と
前掛けの奥さんはともにいい歳だったが、壁に飾った二人の若いころの旅行写真が店名を感
じさせた。

しかし代が替わったのか別の人がやっている。暖簾が出るのを待って入った私は一番客だ。
カウンター端にはすでに三つ小皿と箸が並び、その隣に座るよう言われた。店の女性が注文
を聞く。

「ビールですか」

「うーん……」

ビールは一口ほしいが春とはいえ夕方はまだ肌寒い。貼紙〈奥の松・特別純米〉を燗で頼むと「これは燗できない」とのこと。特別純米こそ燗に最適だが。〈四月のおすすめ酒　石鎚　獺祭〉はたいへんよいが、吟醸はなお燗しないだろう。まあいいや、なんでも。一升瓶を逆さまに突っ込んだ燗付け器からすぐに燗酒が徳利で届いた。

ツイー……。

ふう、温まる。やっぱりいきなり燗酒にしてよかったな。一人ごちる間にどんどん予約客が来て、今来た二人は開店一〇分後なのにもう「今日はいっぱいです」と断られている。昔もこうだった。

刺身は〈寒ブリ・〆鯖・赤貝〉〈生ホタルイカ・蛸〉〈活ホタテ・ウニ〉のような組み合わせセットに、ご飯だけの軍艦巻が一つつくのがお約束。これに刺身をのせて食べるのが楽しみだ。〈まぐろブツ・青柳〉は量もたっぷり、さてどちらをのせるか。

一人で居酒屋に入るようになったのは、まだサラリーマンをしていた四〇歳のころからだ。今から思うとそのわけは「人付き合いに飽きた」に尽きる。一人で居酒屋で一杯やるほど気楽なものはない。話をせず、黙っていられるのがいい。酒は家でも飲めるが、家人がいれば黙っているわけにはゆかない。

21　春・田端

ちびりとやって眺めているのは人の世だ。居酒屋には人々の裸の姿がある。酒に酔えばな
おそれが表れる。人のふり見て我がふり直せ、自分もまったく同じだろうがそれでいい。当
たり前だが自分は特別な人間ではない。市井のその他大勢の心地よさ。

くの字に折れた小さなカウンター、四人がけテーブル三つ、後ろは板張り小上がりの小さ
な店はカレンダーやビラなどが乱雑に貼られ、その乱雑さが気安い気分にさせる。頭にタオ
ル巻き、黒Tシャツで一心に包丁を握る男と、注文を聞く女性はともに愛想はなく、ほとん
どが常連らしい客も我関せず。居酒屋はこれでいい。

テーブル席は現場作業服の小企業社長ふうが新入社員を連れてきたようだ。若いのは話す
言葉がなく黙って飲むだけだ。カウンターの男二人も作業服で焼酎。何かでこの店を知って
来たらしい小ざっぱりした若夫婦は、わあおいしいとか言っていたがチューハイ一杯ですぐ
帰った。

カウンターの三席は毎日来る人の指定席らしく、注文せずともすぐ酒が出る。「今日はホ
ッピーの白と黒を並べ、それぞれ一杯作り交互に
飲んでいる。もう一つ空いたままの席に「今日は〇さん来ないね」とつぶやく。小上がりは
何かの会なのかおよそ一二人が無理やり窮屈に座り、リタイアした誰かの挨拶に拍手がおき、
タテとウニ」と言いながら座った一人はホッピーの白と黒を並べ、それぞれ一杯作り交互に

若いのが立って「ビール八本、それと」と注文をまとめ、店は完全に満員になった。こちらも酒に専念しよう。

二〇センチほどもある巨大な骨付きの〈まぐろカマ焼〉は大根おろしがたっぷりついて二五〇円は安い。濡れてみずみずしい〈きゅうり一本漬〉は添えた辛子がいい。盃を重ねて気持ちも温まってきた。

ここは「初恋屋」。自分にも初恋はあった。不意に現れて心を奪うものがある。その人の顔は今でもはっきり思い出せる。あの人と暮らす人生もあったのかもしれないと思うこともある。

しかし人生の大半はもう終わった。今は田端の居酒屋でひとり酒だ。

後ろに立つ女性の手が空いたようで、振り返った。

「ここ、代替わりしたの?」

「ええ、二年前」

「ご親戚か何か?」

「そうじゃないけど、前の人にやってくれと頼まれていて」

聞いてみよう。

「ご夫婦？」

「そうです」

「初恋？」

「まあ、そうです」

春、初恋が生まれるときだ。

すこし照れ、こちらも笑い、そこで話をやめ前に向き直った。

　　こまのように

　　まわれ　まわれ

文士村記念館で聞こえた女声合唱がよみがえる。うれしいとき、人は両手を広げてこまのように回る。青春とは回るこま。回るこまは倒れない。私ももうすこし回ろう。

「酒、もう一本」

彼女がにっこりした。

夏・浅草

アロハシャツを着て浅草に行った。夏の浅草にはアロハが似合う。

六区興行街の広い通りは熱気の陽射しがまぶしい。道行く女性はみな日傘。警官に見えた制服は自転車置き場の整理員だ。ウインズ浅草馬券売場前に、だらしなくくたびれた男たちが所在なげな人だまりをつくる。通りに座り込むのはまともな方で、道端に寝転んで眠るホームレスと変わらぬ者もいる。新しいROX3ビルの付近は再開発中で広大な敷地がすっぽり二カ所も空き、昔のままに密集する飲食店と接して過渡期特有の一種荒涼たる風景だ。そのすぐ向こうにスカイツリーが何かの啓示のように立つ。昨年完成したばかりに見て、切っ先に五重塔頂上の「相輪」を思い浮かべた。

渥美清やビートたけしを育てた浅草は大衆演芸の街だ。六区通りの街灯には〈浅草を育て、浅草を愛した文人、芸人の名跡をここに残す〉として、田谷力三、古川緑波、榎本健一、三

波伸介、内海桂子・好江、由利徹、大宮デン助、伴淳三郎、森川信らの懐かしい顔が並ぶ。

牧伸二、長門勇は最近亡くなった。

角の浅草演芸ホール前で半纏の呼び込みが声をかけている。路上大看板「五代目・柳家小さん追善　ごくつぶし落語会」は柳家さん喬・小団治を中入りに七月三一日。もう一つの路上看板「夏休み特別公演　にゅうおいらんず」は人気の春風亭昇太がトロンボーン、三遊亭小遊三がトランペットを吹くジャズバンドだ。

浅草ROX横が入口の劇場「昭和歌謡コシダカシアター」の向かいは大きなディスカウント衣料店なのが浅草らしい。ここを常設館とする「虎姫一座」を見たいと思っていた。今は『エノケン・笠置のヒットソングレビュー』と『シャボン玉だよ！　牛乳石鹸‼』の二本立てが通算公演一〇〇〇回を突破した記念の新作『東京モダンガールズ』の五日間限定公演中。

その昼の回を見に来た。

四階で五〇〇円を払って入ったホールは、舞台から延びるエプロンステージを囲むようにテーブルが並ぶレストランシアター形式。客は中高年が多く、男女半々すでに九分の入りで、ビールにオードブルのグループも多い。ワンドリンク購入がお約束、アイスコーヒー五〇〇円を手に一段高いカウンター席へ座った。

暗くなり、まず映像が映った。緑の畑に真っ赤な上下ジャージ姿の田舎娘が六人。「東京さ行ってスターになるべ」「成功するまで帰んねー」。まず練習と田んぼでストリートダンスを始め、お父っつぁんに「盆踊りの練習け」と言われてくさる。映像が消え、生バンドがジャーンと鳴って真っ赤なコートに身を包んだその六人が颯爽と登場。力強い歌と踊りで田舎の少女の夢と想像の舞台が交互に進む。

『雨に唄えば』の黄色いレインコートとタップダンス、サイレント喜劇風パントマイムにチャプリンの名曲『スマイル』、フラダンスで『ブルーハワイ』。一転田舎に戻り「東京で何する？」「銀ブラする」「銀のブラジャー？　派手でねえけ」と笑わせ、夕焼けの田舎に「これはデートではねえ」と強調しながらあこがれの彼氏と自転車を引いて歌うデュエット『ヘイ・ポーラ』の情感。私は三つ編み髪に黒縁眼鏡のちょっとドジ、仲間由紀恵によく似た女優「しゅく」さんが次第に気に入ってきた。タンゴが妖艶な「あび」さんもいい。そしてラスト、真っ赤なドレスで歌い上げるミュージカル『ヘアー』の挿入歌『アクエリアス』で最高潮になった。

第二部はお得意の昭和歌謡メドレー。フィナーレは、おなじみらしい裾をひらひらさせ脚を上げて踊る『フレンチカンカン』で、そのままステージを飛び降りて客とハイタッチで一

周する大サービスに中高年が全員スタンディングオベーション。この一体感は浅草ならでは
かもしれなかった。

＊

　……ぐびり。つめたい生ビールがうまい。

　雷門通りに並行する食通街とたぬき通りをつなぐ路地の居酒屋「房総料理　木むら」は、

去年の三社祭で来て気に入った。つまみにとった千葉の磯貝「尻高（しったか）」は、爪楊枝でひねり出

すとき貝の方を回すのがコツだ。

　虎姫一座の舞台はとてもよかった。歌い踊るはつらつとした女優たちは文句なし。最後の

舞台挨拶で、歌う曲は古いけれど初めて聴いてすぐ夢中になったと言っていたのは、あのこ

ろの夢見るような曲調に彼女たちも魅せられたのか。ここには「夢の二時間」があった。ド

リームズカムツルー──、浅草は夢を見させてくれるところだろうか。

「なめろう、できたわよ」

　トントンと包丁音をさせていた〈鯵のなめろう〉に、ビールを千葉の酒〈吟の舞〉に替え

た。もう七〇は超えたわ、と笑う店の女将は千葉・御宿の出身。小上がりに飾る海女の油絵肖像画は海女だった姉がモデルという。頭に白手拭い、傍らの桶に手をのせて座る太腿がたくましく、紺絣の海女着の裏地の赤が女らしい。この絵は右手が不自由な親戚のアマチュア女性画家が左手だけで描いたそうだ。姉は早世されたというが、若き日の肖像画が残るのはうらやましい。

姉の夫は漁師で、八〇歳になっても「オレは一五から乗ってる」と自分の小型漁船・栄丸を出していたが、伊勢海老の夜網に出て昼になっても戻らず、「栄丸の様子がおかしい」という報せで見に行くと海から船に上がれず船べりにしがみついたままでいた。それをしおに船を下りさせ、記念に船の写真を撮った。それも額入りで飾られている。

むしった焼鯖を大量の刻み葱と和えた名物〈さばねぎ〉がおいしい。焼鯖の脂っこい焦げ風味とツンとくる青葱の対比が素朴な、いかにも漁師料理で女将の考案という。もしかすると千葉の家でやっていたのかもしれない。

夏の夜、浅草の小さな居酒屋で飲む冷や酒がうまい。アロハに素足サンダルばき。勤めも、これといった仕事もなくなった今は、誰も誘わず一人で飲む酒が一番だ。船を下りた漁師は愛船の写真を見ながら一杯やるにちがいない。それはかつての夢の追憶だ。私もすでに船は

夏・浅草

下りた。しかし見るものがあるだろうか。浅草は夢を追憶させるのか。

店を出た雷門通りは、夏のラフな格好の欧米人観光客が目立つ。脇道に暑さでへたりこんでいるのもいて、それができるのもこの街か。

とっぷりと日も暮れ、暗闇に真っ赤にライトアップされた雷門が存在感を放つ。左右の仁王像も下からの照明でさらに筋骨隆々と威風が増す。この門は浅草寺観音に病気平癒を祈願した松下幸之助が報恩に寄進した。巨大な赤提灯は三社祭と台風時のみ畳まれ、去年祭に来たときはたしかにそうだった。

本堂に向かうまっすぐの参道「仲見世」両側の店は、夜になってどこもすでにシャッターをおろし、真っ赤なぼんぼり行灯が左右対称に中心に続く眺めは無限を感じさせる。

中ほど宝蔵門手前の人だかりから聞こえてきたのは、仲見世商店街が招いた富山県八尾(やつお)の「おわら風の盆」だ。哀調あふれる胡弓と三味線に男が節をつけるおわら節は、わさわさと勇壮けたたましい三社神輿と正反対に、か細く流麗に続き、目深な編笠に顔をうかがわせない女性の静かな踊りもまた途切れない。歌が静かだと客もまた静か。シンとして永遠に続くが如き踊りは、来るべき盆の霊を迎えるようだ。

巨大な本堂の正面階段に大勢の人が腰をおろして休んでいた。カップルも、中高年も、男

一人も、外国人も、それぞれ夜の熱気をさましに座ったようだが雰囲気はちがう。私も尻を置きそのわけがわかった。ライトアップされて浮かぶ目前の巨大な宝蔵門、右手に高い五重塔、座る本堂もすべてが赤、赤、赤。暗闇に浮かび上がる赤一色の世界は浄土というよりはどこか禍々しい異界で、座る人々は眩暈をおこしたように凝然と動かない。宝蔵門に下がる巨大草鞋は視覚バランスを狂わせ、夏の夜の寺は息を潜めていた霊が生命を回復してうごめいている。ここは冥府だ。

胸苦しさを感じて立ち上がり、金縛りから逃れるように境内裏へまわったが、本堂は裏もライトアップされ、人がいないだけにさらに異界の感が強まる。

境内を北に尽きると浅草寺病院だ。心の救いと身の救いが併せ立つ。言問通りを渡って入った観音裏は街灯もコンビニもなく薄暗く、思いつきで角を曲がるとたちまち方向を失った無限徘徊になりそうだ。風もないのに柳がなまめかしく揺れ、ただよう夜気が艶っぽい。観音裏は花柳界で、昭和三〇年代全盛期は料亭一〇二軒、芸妓六〇〇人を数えた。人の心を救うのが寺ならば、欲を救うのは花街。浅草観音の表と裏はまさに表裏一体。観音裏こそ百鬼の夜行する冥府かもしれない。

人影はまったくないが、闇にぽつりぽつりと灯る店の灯が人の気配を感じさせる。居酒屋

鬼平、石松、おかめ、たきざわ、スナックひばり、ひまわり、さと姉、居酒屋スナック滝、うなぎ以志田、びすとろ亜砂呂、金太楼鮨、料亭都鳥……。夜道を煌々と照らす東京浅草組合見番は明かりはついているが人はいないようだ。

外に自転車がいっぱいに並ぶ居酒屋「喜美松」は、さしわたし六尺はある酒の仕込み樽を輪切りに立てたのが玄関だ。満員だが、入口すぐの大机角がひとつ空いていて座った。竹ノガの酒樽を二つ重ねた腰掛けがいい。八丈島焼酎〈情け嶋〉に氷を浮かべてぐいと飲み、人心地がついた。肴はモツ焼だ。

網代と葦簀に葺き分けた天井、袖壁に小窓。壁付けの扇風機二台が首を振る。カウンターは若いカップル、中高年男女、一人者。真ん中の大机は白シャツの会社帰りの男たちがひざを突き合わせる。

畳の小上がりには父と四人の娘。一番下の中学生くらいの女の子は漫画を読んでいるが、家族と一緒にいるのが楽しそうだ。隣は若いお母さん同士で、一人は赤ちゃんを抱いて揺すり、もう一人は脇に寝かせてすやすや眠らせながらビール。左端は年配のお母さんと娘二人。片方の浴衣娘は眠る赤ちゃんを時々じっと見て、上がり畳は子を持つ女の席だ。

子供や赤ちゃんが居酒屋にいるのはなんと健全な風景だろう。若いお母さんはおんぶ紐や

バスタオル、おもちゃなどの大荷物をかまわず広げる。「よかった、空いてて」と私の前に座った若いカップルは女性が注文を決め、そのたびに男の顔を見てうれしそうにする。この人もそうだが女性は美人ばかりだ。それも心に迷いのないきりっとした日本美女。倦怠とか都会的とかいう言葉はここにはなく、適度にだらだらした一体感が店に満ちている。冥府の奥に家族の安らぎがあった。

店を出て、もと来た方角に見当をつけて歩いた。スナックからおやじ声のカラオケが聞こえる。アッパッパのおばさんが団扇を片手に素足でどこかに行く。いきなりドアの開いたスナックから出てきたにぎやかな集団は「また来てねー」「おお来るぞ」と見送りだ。暗闇に真っ白な千鳥破風が浮かぶ立派な宮造り銭湯「曙湯」からステテコの男がタオルを下げて出てきた。路地は暗いが家の中ではいろいろなことが行われているのだろう。人恋しくなり、なじみの居酒屋「ぬる燗」の暖簾をくぐった。

観音裏が気に入って居酒屋を開いた主人は、若さが抜けていい男になってきた。今は夏、純白の鯉口がすっきりと似合う。

「どこかまわってきたんですか」

「うん、喜美松」

35　夏・浅草

「ああ、あそこはいいです」

平盃で飲む夏の燗酒に、千葉の背黒イワシを酢漬けして白黒ゴマを振った〈背黒イワシ胡麻酢漬け〉がよい肴だ。夜の一〇時に入ってきた、寝間着のような甚兵衛の男は、浅草寺病院から抜け出してきたかのようだ。彼と主人の話題は明日の隅田川花火大会だ。

「明日雨らしいよ」

「ふるふる、絶対降る、やれっこないよ」

男の、まるで降ってほしいようなひねくれた物言いが江戸っ子らしい。一〇時四五分をまわってまた一人、色っぽい女性がカウンターに座った。

「なんか寝れなくて」

寝れないと居酒屋に来る。話でもしてみたいがカウンター端からは遠く、ぼんやりと聞いていた。

「ぬる燗」を出て再び暗い浅草寺境内に裏から入り、参道仲見世に立つと人ひとりなく、赤い行灯が一点に続くばかりだ。サンダル草履の足裏に石畳がぺたぺたと貧相な音をたてる。酔った意識に、今から帰る現実世界の方が冥府魔道の地と思えてくる。してみるとここは彼岸此岸の三途の川……。

冥府と思った観音裏には別世界のように人の世があった。してみるとここは彼岸此岸の三途の川……。

＊

翌日もまた浅草に出かけた。

雷門通りの蕎麦屋「尾張屋」に、帽子に厚いオーバー、丸眼鏡でかしわ南蛮をすする永井荷風の写真が飾られ、説明がある。

〈人嫌い　写真嫌いの永井荷風氏は文化勲章受章　芸術院会員といったイメージとはまったく縁遠い質素な生活　千葉県市川市の粗末な住居には万年床

1度は浅草の踊り子のいる街に出かける34年3月　まだ学生だった私は　自宅を出てから浅草までカメラを構えて先生を追いかけた　何回か怒鳴られながらフィルムに収めたのがこの写真　その1ヶ月後　79歳の荷風先生は　自宅の居間で洋服姿のまま死んでいるのを手伝いのおばさんに発見された　千葉市　井沢昭彦〉

箸の持ち方はややぎこちないが表情は満足げだ。かしわ南蛮は醤油のきいた東京の味でおいしい。私もいつかは一人暮らしになるかもしれない。そのときはまた食べに来よう。

それからロック座に行った。浅草ロック座はまだストリップをやっていると知り一度見た

いと思っていた。

表の看板は〈7月公演「アイリー!」松嶋れいな・美緒みくる・藤咲リオナ・沙羅・杏野るり・MIKA・小嶋実花〉の美女写真が並ぶ。入場料一般五〇〇円・シニア六五歳以上四〇〇〇円・女性割引三〇〇〇円・カップル割引七〇〇〇円。階段を上がった二階は普通の劇場ロビーで売店に立つのは若い女性だ。古い運転免許証を見せてシニア券を買い、白い小旗を持たされた。三時の開演に客は七分の入り。中高年男やカバンに黒スーツのサラリーマン、浴衣を着た欧米人、男女カップルに中年女同士もいる。

還暦を過ぎた身だがストリップを見るのは初めてだ。舞台からエプロンステージが延びた先は丸い踊り場で、その周囲がいわゆる「かぶりつき」か。

場内が暗くなり、軽快な音楽にのって緑色の全身レオタードに仮装アイマスク、大きなバーつきの布を両手に六人が登場し、モダンダンス風の踊りが始まった。終わると残った一人が薄物をまといエプロンステージを進み出て、下は裸のようだ。先端の踊り場に至り横になり、ステージがゆっくり回転する。高々と脚を上げた大胆なポーズに拍手がおきる。踊り子は笑みを絶やさず、時々客の一人に熱い視線を送る。今一度ポーズして袖に消えると、満場の張り詰めた空気が一段落する。

こうして南海もの、浅草観光バス、ビーチバレー、平安朝風など装置も衣裳も振付も替え、群舞から一人ストリップに続く構成はかなり凝っている。ダンサーを乗せてしずしずと来る移動台に、ファンらしき人が黙って花束や紙袋の贈り物を置くのがいじらしい。メインの松嶋れいなは大掛かりな中世騎士もので、眼前に現れた微笑みにひときわ盛大な拍手がおきる。天の岩戸が開いたのも当然だ。ストリップショーとはこんなによいものがこの世にあろうか。荷風の心境がよくわかる。フィナーレは渡された小旗を振るのがお約束のようで盛大に振り、悠然たる松嶋れいな、やや憂愁をおびた小嶋実花のファンになった。

美しい女性が素裸で踊り、こちらに微笑むほどよいものがこの世にあろうか。天の岩戸が

「ぬる燗」主人に教わった観音裏の「釜めしむつみ」は玄関戸を開けるといきなり畳座敷で、小卓の白座布団に座った。大きな招き猫、押絵羽子板、風鈴。座敷隅に置いた座り机の帳場台がいい。

夏の夕方、瓶ビールを昔ながらのコップに注いだ。肴は〈煮物盛り合わせ〉。近所から子供の遊ぶ声が聞こえる。マンション暮らしから逃げるように来た私は本来の居場所をみつけたのだろうか。

繁盛する店で、今から始まる花火大会が終わった後の予約電話がどんどん入り、今夜は閉

39　夏・浅草

店を三〇分延ばすと言っている。浅草は中高年男と女性の二人連れが多く、自分の娘でない
のは話しぶりでわかり、といってわけありというほどでもない。またおばさん同士でビール
も普通の光景。連れた子が外に遊びに出てゆくのを止めもしない。その片隅で飲む酒はここ
ろ休まった。

夕暮れてきた言問通りを隅田川に歩くと次第に花火見物の人が増えてゆく。大型警察車が
何台も横付けされて規制ロープを張り巡らし、大勢の警官が立ち並ぶものものしい様子にな
ってきた。川に向かう道路のまん中はシートを敷いて座り込んだ見物人で埋まり、飲み物や
焼きそばの露店も列が長い。東京の人はこんなに花火が好きだったか。

言問橋手前の道を埋める大群衆に警官がスピーカーで「立ち止まらないでください」と絶
叫する。仕方なく身をまかせ、待乳山聖天（まっちやましょうでん）から左に抜けた道路に座り込む一群の後ろに立っ
た。ここまでして見るか、花火を見に来たんじゃないんだが。

やがて轟音とともにぼんぼんと始まり、見える場所を探す。ひゅるひゅると上がって天空
を圧する花火の輪、しだれ落ちて重なるぱちぱち音。異変を感じた鳥がシルエットで飛び交
う。夏の夜の大花火を前に言葉なしとしばらく見るうちに、冷たい風がヒューと吹いたとみ
るや、花火轟音を雷鳴とするが如く、一天にわかにものすごい夕立が大粒を叩きつけて落ち

てきた。道路はたちまち水が流れて川となり、座る見物客は阿鼻叫喚に立ち上がって敷いたシートをかぶるがしのぐ術はない。浴衣の娘がみるみる全身ずぶ濡れになり黒髪から水を滴らせ、呆然と立ちすくむ細い体は、濡れた観音像のようだった。

秋・阿佐谷

昭和二年、荻窪に越してきた井伏鱒二は将棋好きの仲間と「阿佐ヶ谷将棋会」を作り、やがて文士らの集う「阿佐ヶ谷会」、阿佐ヶ谷文士村とよばれるようになった。

関東大震災後、文士は郊外に住まいを求め、世田谷は左翼作家、大森は流行作家、中央線沿線は三流作家とも言われた。他所から阿佐ヶ谷会を来訪する人も増え、八王子＝瀧井孝作、武蔵野＝亀井勝一郎、杉並＝井伏鱒二・青柳瑞穂・外村繁・上林暁・太宰治・火野葦平・河盛好蔵・臼井吉見・新庄嘉章・古谷綱武・巌谷大四・伊藤整、中野＝中島健蔵、世田谷＝三好達治、川崎＝河上徹太郎らの名が残る。

　　＊

43　秋・阿佐谷

今の阿佐谷は私には映画の町だ。駅北口に日本映画の旧作を上映する映画館「ラピュタ阿佐ヶ谷」ができてから阿佐谷は定期的に来る町になった。

東京は古い日本映画の上映が盛んになり、京橋＝フィルムセンター、池袋＝新文芸坐、神田＝神保町シアター、渋谷＝シネマヴェーラ渋谷がその中心だ。どこも企画上映に知恵をしぼり上映スケジュール表は各館に置かれる。ラピュタ阿佐ヶ谷は名作路線とは逆の無名作品の上映で映画好きをうならせ、その意味では「中央線沿線は三流作家」の流れをくんでいるか。

上に向かって太くなる、どこか童話的な逆円錐形建物はアニメーション専門館としてはじまった名残か。一階ロビーは木の内装に丸太輪切りテーブル、ベンチ、二〇〇円で飲めるコーヒーのポットもある。上映開始を待つ大部分はヒマをもてあまして行き場のないだらしない格好の中高年だが、映画マニアらしい若い男女もいる。手にする入場券の整理番号が二階劇場に入る順番だ。

今は「蔵出し！　日活レアもの祭」として二ヵ月かけて三八本を上映する。ロビーは製作当時のポスター、『永遠のマイトガイ小林旭』『女優魂中原早苗』『小百合ちゃん』『日本映画ポスター集　日活映画総集篇』などの関連図書、回転ラックには白黒のスターブロマイド写

真、掲示板には最近の映画記事の切り抜きなどが貼られ、静かに聞こえるのは特集に合わせた日活映画主題曲だ。

今日は『太陽への脱出』（一九六三年／監督：舛田利雄）を見に来た。掲示板には当時日活が映画館に配った宣伝資料も貼ってある。〈スタッフ・キャスト、解説、物語、ロゴ清刷り〉の次は〈宣伝ポイント〉だ。

〈☆日活がゴールデン・ウィークに放つ、裕次郎の久々のアクション巨篇です。☆館前装飾には「裕次郎の久々のアクション！」を印象づけるために、ハッタリを噛ました「大切り出し看板」を、お作りになることをおすすめします。また、場内飾り付けにしても、何にか恐しさを感じさせるアイディア（等身大の裕次郎の白黒の写真に七色の照明をあてる）が必要です。☆機関銃、拳銃のプラモデルを使用しての飾り付けなどには、バックの新聞紙に血痕をつけてみるのは如何でしょうか〉

宣伝文案は、

〈☆俺は生きちゃいねえ、日本人の俺は！　異国の暗黒街に殺人指令を抱き込んだ "死の商人" 裕次郎‼　☆売国奴！　裏切者！　汚名の屈辱に立ち向かい、女の愛を捨て灼熱の地獄をのたうつ熱血裕次郎‼　☆女の肌に郷愁を刻み、売国の汚名に拳銃を握る……！　動乱の

地アジアをゆく、死の烙印を押された裕次郎‼〉

放送文案もある。

〈本日はご来場下さいまして誠に有難うございます。ご休憩のひとときをお借り致しまして、皆様お待ちかねの次週上映々画「太陽への脱出」のご案内を申し上げます。これは、動乱の国バンコック、南ベトナムに長期ロケを敢行した作品で、故国をすて、名をすてた武器密売の"死の商人"に扮した裕次郎が、最後には蜂の巣のように射ち殺されるという久々の凄惨なアクション巨篇でございます。監督は舛田利雄。全篇に緊迫感が盛り上がる久々の強烈アクション大作でございます。何卒皆様、次週〇日よりの「太陽への脱出」「太陽への脱出」に、ご期待の上、当劇場にご来場下さいませ〉

時間が来て客席四八はほぼ埋まり、上映が始まった。

南ベトナム内戦で使われている兵器が日本製で、その売り込みに行った日本人二人が行方不明という情報を得た新聞記者（二谷英明）は、バンコクに飛び、常にサングラスをかけたクラブ支配人（石原裕次郎）に会い、中国人名である彼が行方不明とされた兵器密売人の一人ではないかと疑い始める。

大掛かりなバンコク・ロケ、現地の台詞はすべて英語で日本語字幕が出る。英語が堪能な

二谷は外国映画に出ているようだ。話は予想通りに展開。兵器密輸に関わる民間人として日本政府から死んだとされた身が無事日本へ帰れるかがクライマックスとなる。デビューから七年。二九歳の裕次郎は、白いタキシードジャケットがぴたりと決まる体にかすかな疲労感がただよい、男の色気がにじんでいた。

外に出た北口の飲み屋街スターロードは夜の時間だ。映画を見てこのあたりで飲むのも習慣になった。小さな提灯のかかる「燗酒屋」は白割烹着の美人おかみにファンが多い。今日は私が最初の客で、開け放たれた玄関からカウンターに適当に座ると「そこはいつも来られる方がいるので、端の方がお楽です」と言われ、隅に寄った。

季節は秋。生ビールは終わり、瓶ビールをコップに注いで飲み干し、入って来た「いつも来られる方」にいささか注目した。渋茶の着流しに角帯、草履。豊かな黒髪はきちんと整髪され、おもむろに黒い扇子を置く腕に高級腕時計が光る。ここに座るために整えた身なりのようだ。

「燗酒とさんま焼」

すぐさまいつものらしき徳利が用意され、おかみが声をかけた。

「島根の天穏、純米です」

「ん、それ」

　男がためらわず取ったカウンターの籠盛り盃は、いずれ酒にするつもりの私が、使うなら
あれだなと目をつけたものだ。客はそれきり黙って渡された新聞に読みふけり、一連の動作
に慣れがある。

　今来た中年はくたびれたポロシャツにサンダルだ。手に何も持たないのは近所の人だろう。
定席らしい入口横のカウンターに座りながら黒板を一瞥。

「ビール、銀杏素揚げ、あとぬか漬」

　こちらは夕刊を渡され、やはり黙ってページをめくる。家からこの時間を待ちかねていた
ようだ。常連は喋らない。後れをとったこちらもそろそろ注文しよう。

　L字カウンターは七席。畳一畳に小判型のちゃぶ台を置いた二人用の小上がりは座ってみ
たい。小さく細長い店は裏口も開け放たれ、気持ちよい風が通り抜ける。

　秋の燗酒が腹にしみた。〈本日の前菜三点盛り＝揚げ里芋・もどりカツオ刺身・砂肝とう
ずら玉子の煮物〉は季節感がありお徳用だ。おかみは支度に忙しく店はシンとして、ラジオ
のNHK首都圏ニュースだけが小さく聞こえる。

　もう一人来たのは大学助手のような学問タイプ。入店前から決めてきたようにすらすらと

燗酒とカツオ刺身を注文し、難しそうな本を広げる。阿佐谷の小さな居酒屋は一人客が多く、それぞれ流儀があるようだ。私はいま見てきた映画を肴にすることにした。

裕次郎を慕う現地人秘書（岩崎加根子）の献身もあって、日本に戻ることができた二谷は証人として裕次郎を連れ、社にゆくが、大スクープのはずの記事は日本政府高官の黒幕により差し止められる。裕次郎は単身で黒幕の操る偽装兵器工場の爆破を試み、機動隊に連射されて死ぬ。一部始終を見ていた二谷はこんどこそ真実を書く決心をする。ラストショットは撃たれる裕次郎から落ちたサングラスのアップに、昇る朝陽が反射していた。

＊

数日後『初恋カナリヤ娘』（一九五五年／監督：吉村廉）を見に行った。

一六代続く小鳥屋の娘（神楽坂浮子）は歌が好きだ。隣のアパートの二階に下宿するハンサムな恋人（岡田眞澄）にプロ歌手のテストをすすめられるが、父は、娘が幼いころ妻（丹下キョ子）が歌手になると家出したきりで、歌手なんてと断固反対だ。娘は別れた母が恋しい。岡田の下宿相部屋のクラブのボーイ（フランキー堺）は、ドラマーが休みのとき叩かせ

てもらっている。そのクラブにブラジル帰りのふれこみで自信満々の妖艶なマダム歌手が現れる。

お決まりの夫婦再会、仲直り、娘の歌手の夢もかなうハッピーエンド。見どころは出演者だった。クラブの演奏はフランキー堺の最初期バンド「シティ・スリッカーズ」で、「クレイジーキャッツ」結成以前の桜井センリがピアノを弾き、谷啓がトロンボーン、フロントラインに立ってマラカスを振る長身男・植木等のにやにや笑いはすでにかなり魅力的だ。さらに「浜口庫之助とアフロクバーノ」は、髭の浜口庫之助がらせん階段からマラカスを振りながらマンボを歌って下りてきて、セクシーな踊り子に交じり最後は型を決める。浜口庫之助＝通称ハマクラは後に『黄色いさくらんぼ』など都会調のしゃれたヒット曲を書いて売れっ子作曲家になった。さらに圧巻は、豹柄のセパレート水着、頭にも豹耳をつけた丹下キヨ子が歌い踊る『恋の花咲くサンパウロ』。ダイナミックに腰を振るステップは演技力もあって迫力そのもの。終戦からまだ一〇年、わずか五七分の音楽もの白黒小品は充実していた。

まだ外は明るくスターロードを荻窪方向に歩いた。朝六時までやるスタンド居酒屋「暖流」は、阿佐谷に稽古場があった唐十郎率いる状況劇場のたまり場だったとか。バー「アルフォンソ」、季節一品料理「風流（かざる）」は入ったことがある。右路地に少し入った青森出身主人

の居酒屋「善知鳥」はいい店だったが数年前閉店した。これも一度入った、道が鉤の手に曲がった角の居酒屋「彦次郎」は新しい建物になった。そこから住宅地になる左の、看板がなく主人の名刺だけがピン留めされた居酒屋「可わら」で、脱サラの主人相手によく映画の話をしたがここも半年前閉店した。現実は消えてゆく。消えた現実を映画の中に見に行く。

その先が名曲喫茶「ヴィオロン」だ。中央線沿線は高円寺「ネルケン」、荻窪「邪宗門」など名曲喫茶がまだ残り、ヴィオロンは、閉店した中野「クラシック」に通っていた人が同じ店をと一九八〇年に始めた。

シャンデリアの下がるくすんだ店内の椅子はすべて正面二つの大スピーカーボックスに向き、奥は床が一段低く試聴室の雰囲気だ。あちこちに古い管球アンプやホーンスピーカー、レコード針の箱や裸の真空管が所せましと置かれ、レコードは棚からあふれて積まれている。

昼下がりに中年男客が数人、黙然と座る。奥の大男は流れるバレエ音楽に全身で聴き入り、魂をうばわれたようだ。名曲喫茶で女性客を見たことがない。中年男はロマンチックなのだろうか。

替わったレコードの音色に聴きおぼえがありジャケットを見せてもらうと、はたしてウェストミンスター・レーベルの『室内楽の名盤』シリーズだ。

上京して入った大学になじめないまま授業に出ず、下北沢の小さな下宿で唯一の宝物のF
Mラジオでクラシックを聴く日が続いた。最も心に残ったのがこのシリーズのバリリ四重奏
団とウィーン・コンツェルトハウス四重奏団だった。後にCDで手に入れ今も聴いている。

流れているのは一九三四年に結成されたウィーン・コンツェルトハウス四重奏団の
一九七一年録音『ハイドン弦楽四重奏曲第76番』。若いときに、このノーブルで艶のある演
奏に心ひかれたことがうれしい。今は人生の秋を迎えている。深まりゆく秋にこれほどふさ
わしい曲はない。秋には弦楽四重奏が合う。

映画は小鳥屋の娘が籠のカナリヤを見つめる場面を象徴的に映していた。娘はカナリヤと
なって籠を出た。私は下北沢の籠のような下宿からはばたいただろうか。しかし音楽のよさ
はそこで知った。それで充分ではないか。ハイドンがしみじみと耳にしみてゆく。

＊

今日は二本見よう。

『海底から来た女』（一九五九年／監督：蔵原惟繕）は不思議な作品だった。

葉山あたりの別荘に夏休みに来たブルジョワ学生（川地民夫）は、遊び仲間の乱痴気パーティを抜け出した夜のヨットで、食い散らされた生魚の間から上がってきた半裸のグラマー美女（筑波久子）を舟に上げる。その夜、美女はどこから入ってきたのか川地のベッドにいて、若い川地は夢中になる。女は、かつて土地の漁師が退治したつがいの鱶（ふか）の雌で、その後しばしば漁師を食い殺して恐れられている化身だった。漁師たちはその"鱶女"の退治に銛（もり）を手に集まり、のぼせた川地は彼女を守ろうとするが……。

鱶女と純情ブルジョワ学生の恋。当時の日活のちらしには〈夢か幻想か！　灼熱の陽に白肌を恥じぬ野生の乙女！　美しき夏の海に燃え盛る激しき恋の大ロマン!!〉とある。漁師の土俗と都会から来た別荘族の対比は奇妙な均衡を保ち、いわゆる伝奇ロマンとは違う現実味があった。傷心で別荘を去る川地は、近所の作家（内田良平）に「君の見たものの方が本当だったんだよ」と言われ、引き返して海に潜るラストは、原作・脚本・石原慎太郎の芸術至上主義だったか。

『青い芽の素顔』（一九六一年／監督：堀池清）は六四分の小品だ。

四本のお化け煙突が見える下町のおもちゃ工場で働くみどり（吉永小百合）は、日比谷の映画館で知り合った学生（川地民夫）と、自分は女子大生と嘘をついたまま付き合い始める。

大会社社長の息子の川地とその学友に箱根にドライブに誘われ、かまわないから女子大生と
いうことで通しましょうよという工場の女友達と一緒に出かける。モーターボート、湖畔の
お茶と遊ぶうち、小百合は嘘を通し続けることが苦しくなる。

小百合の実家は飲み屋をやっているが、三年後の東京オリンピックのため立ち退きが決ま
った。母（奈良岡朋子）は「なんでオリンピックなんかやるんだろうねえ」とこぼし、大学
に行きたいと言う小百合に「どこにそんなお金があるの、あんたは新しい店で働くの」と耳
を貸さない。小百合は二階で寝込み、彼女が大学生と付き合っていたがあきらめたのをおぼ
ろに知り、気づかって上がってきた姉にしがみついて泣く。ずっと工場で働くと決心した小
百合が、下町の川の土手道の下を納品車ミゼットを運転して行くのを、高級外車オペルで川
地が上から見ながらゆっくり並走する場面は階級差を見せて巧みだ。

事情を知った川地は男らしく一人で飲み屋に行き「みどりさんと付き合っている者です」
と立って挨拶し、母と姉は見直す気持ちになる。二人は思い出の日比谷公園で再会する。

映画はよかった。ぼろぼろ泣いた。デビューまもない吉永小百合このとき一六歳。あらゆ
る表情は一点の曇りなくまぶしく光り輝き、主役を演じ始めたこのころから人気が爆発した
のもまったくよくわかる。相手役の川地は、本人の地に最も無理のない清潔な金持ち学生を

素直に演じてうれしかった。

南口から新宿方面への一番街は北口スターロードのずぶずぶの飲み屋街とちがい、音楽系のバーや個性的な居酒屋が多い。いちばん奥の「吟雅」の二階の「CHECKER BOARD」からお姉さんが下りてきて〈本日のライブ ☆「地味」KEN ☆もんち ライブチャージ500えん お気軽にどーぞ♪〉のビラを貼り「よかったらどうぞ」と誘われた。

居酒屋「吟雅」は内装黒一色の日本酒カウンターバーだ。昔来たと話すと「憶えてますよ」と。こちらから話さないと黙っているのが阿佐谷流か。

すすめられた〈道灌〉は今評判の滋賀の酒で、純米生原酒〈湖弧鱶〉は〝琵琶湖に鱶がしなう〟だろうか、凝ったネーミングだ。日本酒好きのマスターは洋食出身だそうで、玉子一個にしときましたと言う〈生ハムとパルミジャーノのオムレツ〉はとてもおいしい。

「今日も映画ですか」

「うん」

前もそんな話をしたのだろう。

「二階はライブだね」

「ええ、いい店ですよ」

CHECKER BOARDは小さなカウンターバーで、細長い店の奥が一応ステージらしくアンプや楽器ケースが積まれている。一〇人ほどの客に出演者もいるのだろうが誰かわからない。平日の夜、阿佐谷の小さなライブにやってくる人がいる。スーツ姿に鞄は勤めを終えたサラリーマンか。ウィスキーを手にするうち、端に座っていた若い女性がステージに進みアコースティックギターを構えた。もんちさんだ。バックはない独り演奏が始まった。

　　今夜きっと抱きしめる
　　平凡という宝物
　　見守る人のまなざし
　　平凡という宝物
　　残った写真が教えてくれた
　　褒められた時は照れ笑い
　　しくじった時は涙ぐみ
　　ダメよと言われてむくれてる

ややハスキーな声でぶっきらぼうに静かな曲がながれた。誰かを失った後に知った「平凡という宝物」。去った青春を歌う声に諦念の気持ちがあふれる。

数曲が終わってギターを置くとぱちぱちと拍手がおき、次の歌手が支度を始めた。カウンター端に戻ったもんちさんに「よかったよ、CD買うよ」と言うと、にっこり笑った。

冬・新宿

「生、それとシューマイ」

新宿三丁目の居酒屋「池林房」の店の隅に座り注文した。ここの生ビールはうまい。冬で
あろうと居酒屋の最初は必ず生ビールだ。肴はいろいろあるが、最近は手っ取り早く腹にた
まるこれだ。店の名前は外看板の「やれ遊べ酒池肉林には届かねど」が表している。四段ほ
ど下がった半地下の重い扉は、どこかアジトに入るような気分をつくり、アジトゆえに誰か
知り合いがいるかもと期待させる。

「あれ、和さん一人？　最終的に何人？」

「一人だよ」

声をかけたのはオーナー・太田篤哉さんだ。ここに来るときはたいてい何かの集まりか数
人かなので、そう思ったようだ。正月のあけた平日。まだほかに客はなく、篤哉さんは「ご

ゆっくり。あ、今年もよろしく」と言い足して出て行った。彼は近所に四軒の居酒屋をもち、それらを回って様子をみるのが仕事で、ここにばかりはいない。

いつも仲間と会う居酒屋に一人で来ているのは、学生時代のサークル部室に一人でいるような気持ちだ。湯気を上げるシューマイは大きく、冷たいビールをまたぐっと飲んだ。

＊

新宿に通うようになって何年だろう。一九六四年、郷里の信州から大学に入るために上京して初めて降りた駅は新宿だ。

その年は今の紀伊國屋書店ビルができたばかりで、モダンな外観の巨大書店に驚いた。すでに上京していた高校の美術部の先輩に呼ばれて行った書店前の名曲喫茶「凮月堂」は、高い天井まで一気にのびる打ち放しコンクリートのモダン建築で、吹き抜け二階回廊の棚にびっしりならぶクラシックレコードに東京は本格的な所だと思った。凮月堂は、岡本太郎、瀧口修造、白石かずこ、谷川俊太郎、朝倉摂、栗田勇、野坂昭如、岸田今日子、唐十郎、寺山修司、天本英世、五木寛之、安藤忠雄など、六〇年代気鋭の芸術家や俳優、揺籃期にある新

人作家のたまり場として知られ、先輩の「ここに来れば誰かいるんだ」と東京にも慣れて紅茶を飲む様子がまぶしく、グラフィックデザイナーを目指していた自分はそういう世界に入るのかなあと思った。しかし、七三年に閉店、今は文化のかけらもない量販店「ビックロ」だ。

下宿した下北沢から、大塚にある大学へ通うには新宿で電車を乗り換える。希望を抱いて入学した大学はおよそ期待にはずれて、足は遠のき、たいてい新宿で降りてしまった。

時まさに六〇年代新宿文化の勃興期。演劇、映画、文学、美術、デザイン、写真、舞踏、ジャズ、ハプニングと、アングラ前衛芸術が怒濤のようにわきおこっていた。その年の東京オリンピックに集結した若いデザイナーたちのめざましい仕事に較べ大学の授業はまったく無力で、このまま通ってもグラフィックデザイナーにはなれないという焦りは、新宿の町こそが自分の学ぶ場と思わせた。

駅東口の階段を上がった交差点向かい角の「ワシントン靴店」（現ABCマート）で店員のアルバイトを始め、グレーのカーディガンの制服がうれしく、バイト料で初めて革靴を買った。今日もそうだが、今もこの階段を上がるときは、さあ大海に身を投じるんだと身構える。

「和さん、まだいたの」

篤哉さんが戻って来た。私がいつまでも一人で飲んでいるのが珍しいようだが、といって

それ以上話しかけるでもないのが長年の付き合いだ。てきぱき働く店の若いのは皆無口で、注文の料理を作り運ぶことに集中している。「おもてなし」などという歯が浮くような言葉とは無縁の硬派な店は、そういう対応を好む客で混んできた。半数以上は女性だ。

小上がり座敷に貼られたポスターは唐十郎＝状況劇場の『腰巻お仙』公演と寺山修司＝天井桟敷の定期会員募集で、デザインはともに横尾忠則。モダンデザインに真っ向からぶつけたポップな土俗的表現は痛快以上に革命的だった。

唐十郎の演劇はその最初期から見た。六六年六月・新宿日立レディスクラブホールの『アリババ』、一九六七年二月・新宿ピットイン『ジョン・シルバー（時夜無銀髪風人）』、五月・青山草月会館ホール『ジョン・シルバー新宿恋しや夜鳴篇』、八月・新宿花園神社第一回紅テント公演『腰巻お仙 義理人情いろはにほへと篇（月笛お仙）』、一二月・同『アリババ（傀儡版壺坂霊験記）』、六八年三月・同『由井正雪』と、すべての公演をたて続けに見た感銘は、間違いなく今までの生涯で最大最高のものだ。

何時間も並んで入った花園神社の紅テント公演では脱いだ靴の袋を手にどんどん前に詰めさせられて桟敷の一番前に。幕が開いた瞬間、袖から舞台に突入した（これが得意の登場だった）女形・四谷シモンに、当時アーミーカラーのカストロ帽をかぶっていた私は「ちょっとそこの自衛隊のお兄ちゃん！」と名指

してからかわれ、真っ赤になってうつむいた。

六七年四月には映画上映が終わった後のアートシアター新宿文化で、寺山修司が結成した演劇実験室「天井桟敷」公演『青森県のせむし男』を見た。終演後は電車がなく、下北沢まで歩いて帰ったのではなかったか。自分は誰とも付き合わず新宿に入り浸ったが、外食する金はなく、池林房もまだなかった。

興味の中心は映画で、金はなくても新宿文化の毎月の名作映画に通い、日活名画座の三日替わりの名物「欧州名画特集週間」は新聞切り抜きの上映表を持ち、シネマ新宿、新東地下、ローヤル劇場なども回った。そのころから見た作品の記録を始め、六五年・七一本、六六年・九九本、六七年・八四本、六八年・七〇本、六九年・八〇本。次第に自分の好みの監督、ベルイマン、ヴァディム、トリュフォー、ジェルミ、メルヴィル、フェリーニ、ブニュエル、三隅研次、鈴木清順、川島雄三、加藤泰、溝口健二、成瀬巳喜男、岡本喜八、今村昌平などが定まってゆく。

新宿は私の学校だった。広い東京に出てきてただ一人。心細く押しつぶされそうになる日々を、自分の夢を途切れさせずに続けられたのは、新宿という場所に行くだけで刺激を得られたからだ。その日々は後にデザイナーになったとき自分の血肉になっていた。

新宿での四年間が過ぎて資生堂にデザイナーとして就職、私は新宿を離れ銀座に通う日々になる。

――ビールから替えた熱燗は三本目になった。肴にとった、イカ刺身・おくら・納豆・玉葱の〈イカおくら納豆〉は新宿的だ。すなわち、癖の強い素材をごちゃまぜに放り込んでかきまわし粘りを出す、と。長芋・オクラ・納豆・うずら玉子の〈馬力和え〉も名物だ。

座敷のもう一枚のポスターは足立正生監督の映画『幽閉者／テロリスト』（二〇〇七年）だ。学生当時、雑誌『映画芸術』『映画評論』を熟読していた私は、足立が日大在学中に映画研究会で撮った自主映画『鎖陰』（一九六三年）の評判を知り、その後、若松孝二の若松プロでピンク映画を量産しながら発表した『銀河系』（一九六七年）を新宿派の作品として見なければならないという認識はあった。しかし真に驚いたのはその後の七四年、足立は革命運動家に転身、重信房子率いる日本赤軍に合流して国際指名手配されたこと。消息を絶っていた九七年にレバノンで逮捕抑留のニュースで久々にその名を見たこと。二〇〇〇年、日本に強制送還されたことだ。もはや新宿文化などを超え、到底私などの手に負えるものではなかった。

ポスターにある出演者は田口トモロヲ、大久保鷹（状況劇場が懐かしい）、平岡正明、赤

瀬川原平、瓜生良介、流山児祥、若松孝二、松田政男、秋山祐徳太子、加藤好弘、瀬々敬久、渚ようこ、荻野目慶子、四方田犬彦という面々。これは六〇年代新宿前衛派の残党および、新・新宿派か。新宿はしぶとい。ようし、私は腰を上げた。

＊

靖国通りの大きな信号を歌舞伎町に渡ると、斜め右に暗い通りが蛇行気味に奥に続く。ビルにはさまれた不気味な日陰はどうしてここに道があるのかわからず、やせ細った植木と石畳で風情を出そうとしているようだが公衆便所まわりの街灯は暗く、ただよう陰気な気配はオカマに声をかけられたらぴったりだ。

大沢在昌『新宿鮫』で刑事・鮫島はここで、台湾から来た殺し屋・毒猿の襲撃を目撃する。

〈うおうっ〉男が気合いのこもった息を吐いた。両腕の肘を曲げた状態で下にひきつけ、次の瞬間、右足の爪先で、目前の若い男の顎をしたたかに蹴りあげた。左足がまっすぐにのび、一本で傷ついた男の全体重を支えている〉

私は三〇年以上も着古してくたびれたレインコートで来た。社会正義感は強いが、しばし

ば強引で上司からうとまれる下っ端刑事や新聞記者が、よれよれネクタイでひっかけるお決まりのスタイルは新宿にふさわしいだろう。通りの行く先はゴールデン街だ。バラック然としながら狷介に人を拒絶する酒場が軒を接して密集する一帯は、猥雑な新宿にあって最も密度の濃い聖なる異界の様相だ。してみると今の陰気な道はここへの参道か。アーケード「あかるい花園街」に「あかるい」とわざわざ入れるのは明るくない証拠だ。

「深夜＋1」、通称「深プラ」のたてつけの悪いドアを押した。雑然たる店内はおよそ三坪、七人座ると窮屈なカウンターの面々がじろりとこちらを見る。身内だけの閉鎖的な酒場にいったいどんな奴が来たんだという視線に耐えれば、ゴールデン街で酒は飲めない。

「太田さん、こっち」

中に立つ祐介が指した丸椅子を客が詰めて空けてくれた。奥の若いのと中高年男三人は編集者の雰囲気、連れた女二人もその業界のようだが知った顔はない。

「ソーダ割りですね」

「うん」

なみなみと注がれたウイスキーのソーダ割りを飲んだ。

銀座に就職した後に新宿に帰ってきたのは、二〇年勤めた会社を辞めてからだ。四〇代を

少し過ぎていた。

あこがれて入社した資生堂のデザイナー生活は充実し、銀座にも慣れ、酒を飲むのはデザイナー仲間や広告業界の多い青山や西麻布になっていた。仕事に不満はないが、組織から離れ一人で自由にやってみたい気持ちは、この年齢ならまだできると思わせた。会社を辞めると、毎日通った銀座ではない新たな「行く場所」が必要になり、自分の古巣は新宿だと自然に足が向いた。

それには新宿に根城をもっていた椎名誠さんの影響が大きい。椎名さんの本は最初期からの熱烈なファンで、資生堂時代に、ある仕事をきっかけに知り合ってすぐに池林房に連れられ、それからいくつもの出版記念会や、その二次会、打ち上げ、祝う会や忘年会などで常時足を運ぶ場所になった。そこにいる出版人やもの書きは、それまでのデザイン業界の感覚的気取り屋とはまったく違い、言葉や論理を武器に闊達にまた痛快に話し、酒を飲み、あの人とあの人は知り合いなんだとか、作家と編集者の激しい応酬も見て、自分は新たな世界に入りつつあると実感した。これは偶然だが、椎名さんもサラリーマン時代の会社は銀座、独立して新宿が拠点になった。私がそうなるのは自然だった。

「太田さん、これ」

祐介が渡した雑誌は日本冒険小説協会会報『鷲』VOL94・最終号だ。一九八〇年、日本冒険小説協会を設立して会長となったコメディアン・内藤陳さんは、ゴールデン街にこの協会公認酒場を置き、自らカウンターに立った。

椎名さんの集まりにいた会長こと内藤さんは「ウチに飲みに来いよ」と私に声をかけてくれた。はるかなる昔、ゴールデン街は学生などの行けるところではなかったが、当時肩で風を切る大島渚と創造社一党をはじめ、中上健次、野坂昭如、田中小実昌、佐藤重臣、斎藤龍鳳など文学や映画を中心とした無頼派新宿文化人が、夜な夜な派手な口論・喧嘩を繰り広げる荒っぽい酒場街とは知っていた。

そこにようやく入れるところができた。協会員でもなく本も読まない身にはその方面の話題がないが「太田さんの本、読んでるよ」の言葉がうれしく、「内藤さん」では他人行儀、といって目上に「陳さん」とは言えない者に「会長」の呼称は都合よく、結社めいて心地よかった。

一人で顔を出すと必ずニヤリと笑い「太田さん、ここ」と席をつくってくれる。大沢在昌さんと二人で来たときは「妙なコンビだな」とやはりニヤリ。美人作家と、ひと芝居打ってやれと映画『俺たちに明日はない』のボニーとクライドよろしく、愛用のモデルガン片手に

ハンカチ覆面で襲撃をかけると、満面のニヤリを浮かべて両手を上げ、おもむろに「お若いの、脇が甘いよ」とつぶやき、ひるんだ隙にたちまち銃は奪われた。後日一人で行き「ギャングはやめたのかい」と言われ「足を洗った」と答えると呵々大笑、「まあ地道にやれや」と一杯注いでくれた。

食道ガンで入院した会長を激励すべく二〇一一年九月、七五歳の誕生日、「冒協設立30周年記念／内藤陳会長大生誕祭」が新宿中村屋で開かれ、私も参加した。北方謙三、大沢在昌の両巨匠にはさまれた会長はやせていたが、ご機嫌で祝辞にヤジを飛ばし、さて病院に帰るかと車椅子に乗り拍手で送られ、その年の一二月、帰らぬ人となった。

翌年二月、偲ぶ会「献杯式ならびに帰天大宴会」が目白椿山荘で開かれた。銃を構えた祭壇写真の前の、業務用エレベーターで運び上げたという段ボール一〇〇箱、それでもごく一部という蔵書が背より高い山をなす中に私の本も見え、胸が熱くなった。渡された会報最終号はその特集で、私のいる写真もある。三〇年続いた日本冒険小説協会は潔く解散したが、公認酒場「深夜＋1」は続いている。

「なんか、今そこから会長が現れそうね」

ドア脇の女性のつぶやきに皆がうなずく。それは店内が何も変わっていないからだろう。

ある取材で写された、カメラに向けて拳銃を構える私の横で会長が笑う写真は宝物だ。

カウンターの中に立つ祐介はここで働きながら役者を続けている。二〇〇八年一〇月、閉

館間近の新宿コマ劇場の「新宿ゲバゲバリサイタル／渚ようこ　新宿コマ劇場公演」に三上

寛、山谷初男、横山剣などのくせ者ゲストにまじり会長が演じた本業「トリオ・ザ・パン

チ」のコントで、彼は相方を務めた。出し物は『ガンマンの決闘』。

「あれは面白かったな」

「ぼくがどう出ても会長はニヤリと受け止めて、まさに決闘」

そのコントは絶品だった。

「最近何か出た？」

「去年は、釜石が舞台の映画『遺体　明日への十日間』ですかね」

この酒場は学生アルバイトが伝統で、先輩が後輩を誘う形で続いている。ノワール作家と

してデビューした馳星周氏も学生時代にいた。東大出身の作家・西村健氏はカウンターには

入らなかったが学生のころから常連で今も来る。祐介は明治学院大出身でここで最も長い。

彼の幼なじみHは日大を出てフラメンコダンサーになり一緒にコントもやる。東京造形大の

Rは高崎でラーメン店を継いだ。東大のIは在学中に「東大をおもしろくする会」なるもの

をつくり、今は民放の政治部にいる。土曜だけ来ているKは慶應六年生で小説家志望。読ん

でくれと私に渡された創作原稿は会津の老人を描いた文学だった。早稲田の映画系も多く、

卒業後映画界に入り森田芳光、阪本順治、君塚良一などの助監督を務めた佐藤英明の初監督

作品『これでいいのだ!! 映画★赤塚不二夫』（二〇一〇年）は内藤陳映画出演遺作となっ

た。佐藤氏の後輩で早稲田中退のSは助監督業で多忙をきわめている。Yは早稲田に六年い

て今ロスに映画留学している。

「彼もそうです」と指さし、カウンター奥にいる若いのがぺこりと頭を下げた。早稲田大学

演劇映像コースの二年のときからここでバイトして東映に入社したと聞き、私はひとひざ乗

り出した。

「入社試験は何だった?」

エントリーシートや筆記が終わった第何次かの試験は、九〇分・八〇〇字の作文だった。

与えられた共通課題は「偽造」。

「へえ、何書いた?」

「老偽札職人に弟子入りする若者の話」

それは面白そうだ。数多い面接は「正直作戦」で通すことに決め、併せて東宝を受けてい

ることも言った。そのころ祐介は、深プラに来た角川映画の人から「今年の映画会社の入社
試験は盛り上がっている」と聞き、よく聞くと「それ、ウチの彼ですよ」となった。

試験はどちらも最終五次まで進んだ。東映の社長面接で好きな映画作品を挙げよと言われ
『バック・トゥ・ザ・フューチャー』と『七人の侍』と答えると「ウチのじゃねえな、東
宝だな」と言われた。東映内定となったが、彼は東宝も最後まで受けてみたかった。東映の
最終健康診断日と東宝の最終社長面接日が重なることを恐れたが、はたしてそうなった。

「どうも東映と東宝で内通してたらしいです」

銀座の東映本社と日比谷の東宝本社は近い。健診を済ませて駆けつければ間に合うことを
確認して東映に行くと「まあこっちに来い」と応接間に通され、人事課やら何やら来てもや
やま話。アイウエオ順の健診は自分の番が来ても飛ばされ「もう行かないと東宝社長面接に
間に合わないからやってくれ」と言うと「お前、いったいどうするつもりだ」と凄んで切り
出された。

「そこで……全面降伏しました」

「ウワッハッハッハッハ……」

結局、東宝の社長面接には行かず（行けず）東映入社。同期は七人。東映と東宝では会社

カラーはまったくちがう。彼の運命はここで分かれた。

卒論は祐介のアドバイスで興行成績を研究。タイトル「仁侠映画の受容」。北海道、九州

の炭鉱地にファンが多いことがわかり、それを書いた。

「そうだ、彼は太田さんに会ってますよ」

「？」

以前、浅草の映画館でやったトリオ・ザ・パンチで会長の相方を務めたのが祐介と彼で、

このときは「牢獄もの」。彼は看守ならぬ「燗酒」と書いた札を首から下げていたそうだ。

終わって私と祐介は会長と飲みに行ったが、彼は店に戻ったとか。

私は彼がおおいに気に入った。新宿を根城に、やりたいことを見つけて突進してゆく若い

奴は健在だ。もらった名刺の東映三角マークがうれしい。まだ二八歳、今はいろんな部門を

経験中だが、いずれはプロデューサーとして製作陣に入りたいと言う。作品が楽しみだ。

「ところで卒論の成績は？」

「多分〝可〟です」

「おお、上等だ」

三人はからからと笑った。

春・湯島

梅も散った晩春、どこかを歩いてみたい気分で湯島にやってきた。

創業大正元（一九一二）年という湯島天神参道の鳥料理屋「鳥つね」の親子丼は、橙色鮮やかな黄身、まだ透明な白身に緑の三つ葉がからまって美しく、〈鳥つねの親子は汁で喰う〉の由緒どおりよく喉をすべり、さらさらと平らげた。

腹ができ、湯島天神の青銅大鳥居をくぐる。これは寛文七（一六六七）年のもので、卍くずし模様をほどこした丸柱の脚基には、小さな唐獅子四体が四方を睨んで愛らしく、振り仰ぐ笠木、額束にはともに梅の紋所がちりばめられている。脇の木板に墨筆の〈湯島神社由緒〉は〈湯島神社は湯島天満宮、湯島天神として全国津々浦々まで知られている〉と荘重に始まる。それよりも一歩入った脇の説明板がわかりやすい。

〈湯島神社は菅原道真公を祀ったもので湯島天満宮又は、湯島天神の名で有名です。菅公

75　春・湯島

の徳は全国に浸潤し天神様と尊ばれ全国に祀られて、学問の神様として敬われています。伝えられるところでは文和4年（1355）湯島郷民の勧請に始まり文明10年（1478）太田道灌が修建したといわれています。

青松が茂る神境に野梅が盛んに香り風雅に富んだ所として古くから名を知られ、その後江戸幕府の朱印地になり、林道春、新井白石等の多くの学者に文神として崇められました。境内の梅は一時枯れましたが、現在では、地元民の篤志により、数百本の梅樹が植えられ、2月から3月に行われる梅まつりにはみごとな花と香りで参拝者、観賞者を楽しませています。

また梅園の中には、「満天下の子女の紅涙をしぼらせた「婦系図」のゆかりの地として里見弴外16名の文筆家ら旧知関係者によって昭和17年（1942）9月7日に泉鏡花の筆塚が設立されました〉

　　　　　＊

一九六四年、一八歳になったばかりの私は信州の田舎から上京して東京での生活を始めた。上京者はまず新宿や銀座の繁華街にあこがれる。大学時代は新宿、その後の会社勤めは銀座

と、東京にも慣れたと思い始めたころにたまたま行った湯島は、新宿や銀座とは違う明治の東京を感じ、東京に深入りしてゆく気持ちをおこさせた。

　湯島通れば想い出す　お蔦主税の心意気

　知るや白梅玉垣に　残る二人の影法師

　忘れられよか筒井筒　岸の柳の縁むすび

　かたい契りを義理ゆえに　水に流すも江戸育ち

　青い瓦斯燈境内を　出れば本郷切通し

　あかぬ別れの中空に　鐘は墨絵の上野山

　名曲『湯島の白梅（婦系図の歌）』は昭和一七年に発表され、まだ幼い歌声の藤原亮子に粛々とつきあう小畑実はクルーナーとしての美声をこの曲で認められ、大歌手への糸口となる。

　そして佐伯孝夫の歌詞。「筒井筒、縁むすび、義理ゆえに、江戸育ち、瓦斯燈、本郷切通し、鐘は墨絵の上野山」。泉鏡花の名作『婦系図』をもとに明治の東京をくっきりと描いて

湯島の情緒を決定づけた。私が初めて来たときもこの歌を重ね、その通りの世界があった。

境内すぐ左の休憩所に上がる大額《平成八年丙子年五月御社殿落慶記念》は東京火消し組一党にまじり、水谷八重子、波乃久里子、菅原謙次、安井昌二、英太郎、梅若六郎、朝丘雪路、藤間勘十郎、新内仲三郎、そして劇団新派の名札がならぶ。

新派の当たり狂言『婦系図』最大の名場面が、若い研究者・早瀬主税の芸者・お蔦に別れ話を切り出す「湯島境内」の場だ。原作『婦系図』には、作者・鏡花自身が師の尾崎紅葉に、神楽坂芸者・桃太郎との仲を「女を捨てるか、師を捨てるか」と迫られ、泣く泣く離別したことが反映されている。しかし紅葉の没後二人は添いとげ、互いの名を彫った腕輪を終生離さなかった。また紅葉を師と仰いで崇拝することも生涯変わらなかった。

境内の場は新聞小説の原作にはなかったが、新派の名優・喜多村緑郎の発案で初演の際に書き加えられた。新派も歌舞伎も公演前の参拝は恒例、中でも花柳章太郎は湯島に暮らし、湯島小学校に通っていたという。

五度の映画化のうち三本を見た。主税・お蔦の配役は、一九四二年／監督：マキノ正博／長谷川一夫は時代物の、山田五十鈴は明治芸者の風格。五五年／監督：衣笠貞之助／鶴田浩二は優男、山本富士子は艶麗。六二年／監督：三隅研次／市川雷蔵は端正、万里昌代は凛然。

いずれも境内のシーンには丹精を込めていた。

休憩所の天井は古い額が金網で保護されて残る。真ん中に能面の翁をはめ、神歌・賀茂・三輪・羽衣・通小町・高砂と列挙した奉納額は《昭和廿九年九月　第百回記念　研謡睦會》。大きな算盤をはめた《そろばん上達祈願　全国珠算連盟東京都支部》もある。

外の大石碑《料理庖丁道　研鑽報徳之碑　労働大臣石田博英書》は、いわく《料理庖丁道は、永い歳月にわたり苦難の道を先人によって鍛え磨かれてきた伝統の精華が礎となり偉大な遺産として今日の発展を支えている　この料理庖丁道の深奥を（……）》。大時代な文は料理屋の多い湯島にふさわしい。その横の《筆塚》は《頭山満書》と読め、裏面は知らない名がならぶ。頭山は戦前右翼の大物だ。

境内にはいろんな碑が立つ。ふだんは流し見るだけの碑文を今日はじっくり読んで、江戸〜東京を探ってみよう。どうせひまだ。

《菅家遺戒碑》は《凡神國一世無窮之玄妙者不可敢而窺知雖學漢土三代周孔之聖經革命之國風深可加思慮也……》とわかるような、まるでわからないような。菅公の精神を伝える国学者・大國隆正の筆という。

高さおよそ四メートルとひときわ高い《菅公一千年祭碑》は《勅選議員文科大學教授正四

位勲三等文學博士重野安繹撰　正三位勲三等麝香間祗候爵前田利嗣篆額〉と漢字の羅列が
いかめしい明治三三（一九〇〇）年のものだ。明治の書家・日下部東作（鳴鶴）の筆による
漢文碑は壮大だ。

嘉永三（一八五〇）年の小さな石柱〈奇縁氷人石〉は、右側面に〈たつぬるかた〉、左に
〈をしふるかた〉と刻まれ、これに貼り紙して迷子しるべに、また縁結びの役も果たしたと
いう。梅園の泉水脇は、里見弴・久保田万太郎らによる〈泉鏡花　筆塚〉が立つ。裏面〈鏡
花生前愛用せしところの筆墨をうずめの石を建てて之を表す　昭和十七年九月七日〉。鏡花
らしい清潔な碑だ。

石灯籠風の〈小唄顕彰碑〉は、葵てる葉・荻真佐江・柏貞子・山口古う・藤浪ゆき・春日
とよ福・とよ玉と、それらしき方が顕彰され、被顕彰者鈴衡委員筆頭は画家・伊東深水。建
立は昭和三四年だが、平成二四年も追刻され、今も続いているようだ。

＊

五月も間近の今、梅はすっかり葉が茂り小さな実もついてきた。おだやかな午後の昼下が

り。若いお母さんが赤ちゃんを抱き、揺すりながらゆっくり散歩する。外回りらしい会社員と地味な服装の女性が、梅園まわりのベンチは老人夫婦にゆずって低い石柵に座り、上着を脱いで話す。ここは都会の小さなオアシスだ。

境内と界隈は江戸期に有数の盛り場となり、宮芝居、植木市、楊弓場、富突（宝くじ）、売薬香具見世、文政七（一八二四）年正月には大相撲本場所も開かれた。明治になっても、旧暦七月二六日夜の拝月は多くの老若男女で雑踏したという。月見に人が集まるとは風流だ。その残映をかすかに感じる。

境内に入るには、いま来たお茶の水からの参道のほか、男坂、女坂、夫婦坂の三方がある。急段の男坂、ゆるやかな女坂は頂上で出会い、夫婦坂から外に出る。その出会いに立つ〈新派碑〉は、新派劇創立九〇年の昭和五二年、松竹と先代水谷八重子が新橋演舞場玄関脇に建てた碑を演舞場改築にともないここに移設したとあり、題字は作家・川口松太郎。ここにはもともと花柳章太郎献樹の梅があり、奇しくも並んだ。

でんと構える〈講談高座発祥の地〉碑は題字・橘左近。

〈江戸時代中期までの講談は　町の辻々に立っての辻講釈や　粗末な小屋で聴衆と同じ高さで演じられていた　文化四（一八〇七）年湯島天満宮の境内に住み　そこを席場としてい

81　春・湯島

た講談高座師伊東燕晋が　家康公の偉業を読むにあたり　庶民と同じ高さでは恐れ多いこと
を理由に高さ三尺　一間四面の高座常設を北町奉行小田切土佐守に願い出て許された　これ
が高座の始まりであり　当宮の境内こそ我が国伝統話芸　講談高座発祥の地である　平成
十七年十一月吉日　六代目　一龍齋貞水　建立〉

〈文房至宝碑〉というものもあり、〈文房四宝・紙筆墨硯を讃え学問の神・湯島天神の地に
建てた（……）平成元年　文具資料館〉とある。

講談高座、文房四宝の碑は湯島にふさわしい。

境内にもはや空き地はないと見たか、夫婦坂手前にも一基〈都々逸之碑〉が立つ。

いわく──

〈都々逸は日本語の優雅さ言葉の綾言回しの妙などを巧みに用いて人生の機微を二十六字
で綴る大衆の詩である古くより黒岩涙香平山蘆江長谷川伸らの先覚者により普及しわれわれ
とその流れの中で研鑽を重ねて来た短歌俳句と並ぶ三大詩型の伝統を守り更なる向上と発展
を願い各吟社協賛の下詩歌の神の在すこの地に碑を建立する　平成二十年十二月吉日　世話
人　谷口安閑坊　吉住義之助〉として〈東京しぐれ吟社　愛知千鳥吟社　京都おむろ吟社
東京老友新聞社〉などの名が並ぶ。　都々逸もたいへんなものだ。

男坂上には鉄製のガス灯も立つ。

〈青白いガス灯、清らかな白梅　「お蔦、何も言わずに俺と別れてくれ」「切れるの別れ
のって、そんなことは……」これは、有名な新派『婦系図』の湯島天神の場である。この境
内には、もとガス灯が五基あったが、そのうち形だけ残っていた男坂上の最後の一基は、昭
和四十年頃撤去された。（……）ガス灯は、文明開化のシンボルで、明治の時代を象徴する
ものであった。今、ここに、東京ガス株式会社の協力を得て（……）〉

これらは新しいが、その裏の忘れられたような碑は古風だ。流麗な筆字で〈額堂新築　神
楽殿築造　本社建築　玉垣改造　男坂修繕〉と列挙、下に〈明治二十五年八月着手　同年十
月落成〉などの日付、〈氏子総町地主差配及有志者〉の名を刻み、〈以為萬世之紀念〉と結ぶ。
明治二二（一八八九）年、宮司の要望に応えた有志が神社の様々な改修を終えた記念碑だ。

末尾に小さい〈石工　駒込肴町　酒井八右ェ門〉がいい。

菅公顕彰はともかく、様々な結社団体が存在を主張する中で、境内で最も古いと思われる、
近隣有志が神社改修に力を尽したことを記すだけのこの碑は純粋だ。私の明治の湯島をさが
す願望は満たされた。碑の解読はもう終えて、本殿に手を合わせよう。

ぱんぱん、一礼。

本殿まわりは祈願絵馬が掛け台に小山をなしている。四月の今は合格御礼が多い。

〈早稲田大学　無事に受かりました。ありがとうございました〉

〈都立杉並高校に合格することが出来ました。ありがとうございました〉

〈千葉大学合格　人のためになる医師をめざします〉は後段の一言がいい。

〈中学校に行ったら勉強を沢山頑張って頭が良くなりますように。自分のやりたい事と勉強を両立できますように。絵が上手になりますように。お姉ちゃんが行きたい高校に行けますように〉姉思いで難しい漢字もきちんと書けている、きっと賢い子だ。

〈平成26年度入試、東京大学にうかる。お前なら絶対合格する！　大丈夫!!　ねーさんより／ザセツがあっても必ず乗り越える、それが私！　必ずうかってまた来ます！　ぴーちゃん〉は姉妹で来たようだ。　東大志願の絵馬はとても多く、そういえば東大はすぐ近くだった。

学問の神様・藤原道真を祀る湯島天神は合格祈願の総本山といえよう。

境内には修学旅行中らしいセーラー服に運動靴、リュックを背負った女子高校生のグループも多い。

〈祈願　岩手県釜石市立〇〇中学校　3年A組生徒26名の高校進学〉

〈〇〇高等学校三年七組　生徒四十名が無事大学入試を終え、笑顔で卒業できました。あ

りがとうございました。　彼達の今後が幸多きものでありますように〉

〈○○一中３年１組　クラス全員、自分の力を発揮して合格できますように。そして笑顔で卒業式を迎えられますように。担任より愛を込めて〉として、絵馬を一周して生徒三七人の名前を正確に書く。　生徒の合格祈願に来る先生の姿。

また一枚。〈私の主人が、明るく元気に暮らせる仕事が出来る様になりますように。一日も早く、心から笑えますように。出来ることなら、元の職場にどんな形でも良いので戻れますように。どうか心よりお願い致します〉

――祈る心は尊い。　春の日によいものを見て、心が清々しくなった。

　　　　　＊

男坂を下って左、黒塗り板張り二階建ての古美術商「はぐろ洞」の先が、大正一四年創業の居酒屋「シンスケ」だ。黒格子に杉玉、木賊垣の蹲踞、長い縄暖簾。頭には手拭い細巻き、縞のハッピに清酒両関の前掛け、つっかけ草履の三代目主人が打ち水している。

「こんちは」

「あ、太田さん、どうも」

「梅も終わったね」

「そーうですね、今週は上野の桜、ま、どうぞ」

店には湯島天神祠が上がり、菰樽が二段重ねに三つ鎮座。並ぶ白徳利は布巾がかけられ、余計な飾り物が一切ないすっきりした江戸＝東京の美学が一本筋を通す。初めてここに来たのは四〇年ほども前、資生堂の若手社員だったときで、生粋の東京を見た気持ちがした。

それは店内だけではなく常連客のたたずまいにも感じた、と言っておとなしく飲んでいるだけではない。話題は相撲と落語。大声、泥酔は御法度だが、力士よりも土俵呼び出しの声を品評し、噺家批評も辛口の愛情でうんちくと皮肉、最後は笑いでまとめる。常連は混んでくるとさっと帰り、翌日また来る。近くの東大、藝大の先生から職人まで、誰もがシンスケの気っ風を愛し、守り、そこの客であることを自負する。つまりは野暮を嫌い、粋を尊ぶ東京人気質を知った。そうして通い続け、私もカウンター席に座れるようになった。

ツイ……。

春の燗酒ほどうまいものはない。肴は〈ねぎぬた〉だ。どっしりした重みをもつ青葱と味噌だけの一品は、春の季語「春泥」を思い出させる。今日は主人に聞いてみたいことがある。

「湯島のふ多川って店、知ってる?」

「ほほう」主人は莞爾(かんじ)として笑った。

にちなみ「ぺんけん寄席」を創設。学校の階段教室やときには上野鈴本でも生徒を集めて落

語研究会を開き、売れない噺家応援と卒業生の柳亭芝楽(一〇代目)を招いた。その高座の

後、シンスケ主人は芝楽師匠に誘われて小料理屋「ふ多川」に行った。

「へえ、飲んだの?」

「いや、まだ学生でしたから、そこはそれ」

平成七年に亡くなった一〇代目芝楽は、噺よりも「二人羽織」や「助六」などの「あやつ

り」芸がうまく、寄席の席亭から「あいつにはしゃべらせるな、芸をさせろ」と言われ、そ

の西川流の踊りは惚れ惚れするほどだった。

「ふ多川の九〇歳になる大女将は、芝楽に踊りを教わったそうです」

私は元資生堂の女子社員の方からふ多川を奨められていた。その方は娘さんに踊りを習わ

せようと浅草「弁天山美家古寿司」の主人に相談し、「ふ多川」の女将を紹介してもらった

のが縁だそうだ。

シンスケの主人に場所を教わった「ふ多川」は、三組坂下の小さな木戸をくぐる酒亭で、

87　春・湯島

京壁に網代天井、古竹柱の数寄屋造り。カウンターの中は畳敷きで、粋な縞柄着物がきまる女将が正座する。シンスケから聞いて来たと言うと「あら、矢部さんね」と微笑む艶っぽい仕草が板につく。手さばきのきれいなお酌をいただき、芝楽の話に。

女将の母の大女将は「金太郎」名の元芸者で、芝楽がまだ春風亭小柳を名乗っていた金のないころに一家の面倒を見てやり、自分は踊りを教わった。大女将は、シンスケ常連で近所の「岩崎の殿様（三菱の創始者・岩崎家末裔）」と気が合い、よく酌み交わした。今も一日一合のお酒をいただくほどお元気で、今日は休みだが一日おきくらいにここに出るそうだ。浅草生まれの今の女将も中学を出てすぐ二代目金太郎の名で芸者となり、ある日料亭「はなや」の座敷に上がった。

「ところがそのお座敷は、私の小学校の元校長やPTA会長だったのよ」

すぐ下に降り「帰らせてください」と言うと「ばれるまで座ってろ」と再び上がらされた。

「へえ、それでどうした？」

校長以下、誰も気づかなかったが、自分の踊りの発表会に来てくれていた家庭科の女先生が、踊りの白塗りを見ていたせいか「あなた、二川さんでしょ」と小声をかけてきた。

「一三年芸者をやったけど、一番忘れられないこと」と笑う。今カウンター奥に座る男性は

中学校の同級生だそうで「レイコにミツコ、あともう一人きれいな子は誰だったかな。あのクラスは三人芸者になった」と懐かしむ。親の芸者を継ぐ子が多く、中学生なのに年齢をごまかして座敷に出て万世橋警察署に補導されると、「龍角散」の社長が粋な人で、いつももらい受けに来てくれたという。

女将が「いいものがある」と出してきた写真に目が釘付けになった。近くの鰻の老舗「神田川本店」に、ある日高座を終えた師匠連が集まったときのもので、真ん中に古今亭志ん生、右に長男・金原亭馬生、左に次男・古今亭志ん朝、その隣に桂文楽、後ろに弟子たち。志ん朝はまだ芸者が手を出してはいけないような若い青年、さっぱりといい男の馬生は後の美人芸者に肩に手を置かれ、文楽は年増芸者が背にすがる。

そして満面に笑みをたたえた志ん生の後ろに艶然と腰立ちする、いま目の前にいる二代目金太郎は当時一七歳、怖いもの知らずの生娘のうら若き美しさ！

湯島の春の宵。私はしばし写真から目を離せなかった。

夏・銀座

夏、地下鉄銀座駅に降りるとメロディーが流れた。

　これが銀座の　　カンカン娘

　時計ながめて　そわそわにやにや

　誰を待つやら　銀座の街角

　赤いブラウス　サンダルはいて

　あの娘可愛や　カンカン娘

　ヒット曲『銀座カンカン娘』は作詞・佐伯孝夫、作曲・服部良一、歌・高峰秀子、発売

一九四九年。同名映画の主題歌で、脚本の山本嘉次郎は「曲に合わせて脚本を書くから、何

でもいいから作ってよ」と先に曲を注文した。できた映画は、画家志望で金のない高峰が同じ下宿居候の笠置シズ子、売れない作曲家・岸井明と組み、三人でこの曲を歌って銀座を流すと人気が出て、というパターン。ツナギの胸当てズボンで軽くステップを踏みながら歌う高峰は、アイドルからもう少し成長した娘の輝きを見せ始め、まぶしく美しい。

階段を上ると四丁目の交差点だ。高峰も見上げた銀座のシンボル、和光の時計塔は夕方を前にした三時半。梅雨もあけた真夏日の陽射しは強く、女性の華やかな日傘が行き交う。

　ＡＢＣ・ＸＹＺ　これは俺らの口癖さ
　今夜も刺激が　欲しくって
　メトロを降りて　階段昇りゃ
　霧にうず巻く　まぶしいネオン
　いかすじゃないか　西銀座駅前

作詞・佐伯孝夫、作曲・吉田正、発売一九五八年。歌手・フランク永井は低音を利かせた都会調の『有楽町で逢いましょう』が大ヒットした翌年、この『西銀座駅前』を発表。同年、

日活で今村昌平監督により映画化された。第一作『盗まれた欲情』で注目された今村昌平は、第二作の企画を通す条件として、このＳＰ（一時間弱の添え物ショートピクチャー）の歌謡映画を一本撮れと言われた。今村ファンの私は、めったに上映されないこの作品を一九八八年に高田馬場のミニシアターで見た。「ここは東京銀座……」とフランク永井のディスクジョッキーで始まる物語は安直ながら、弱い男と強い女、南方志向など今村の好みが出ている。

今は二〇一四年の夏。終戦後の流行歌『銀座カンカン娘』から六五年、その一一年後の『西銀座駅前』から五六年。さらに一〇年後、私が大学を出て、一九六八年に銀座の会社に勤め始めてからも四六年が過ぎた。

和光を右に見て数寄屋橋へ歩いた。不二家、交番、ソニービルを角にした大交差点の、あと一つの角は阪急デパートのあったビルの建て替え中で広大な空き地だ。開いた空の向こうに泰明小学校が見えるのは今だけの眺めかもしれない。もっと昔のここは戦前のクラシックなマツダビルだった。引き返した銀座通りの六丁目も松坂屋の建て替え中でぽっかり巨大な空間が空く。数寄屋橋と銀座通りに一ブロックまるまるの空き地ができている。銀座は変わりつつある。

並木通りは銀座で最も洗練された通りだが、戦前の装飾を豊かに残すビルとしては銀座で

93　夏・銀座

最後と思われた秀吉ビルもついになくなり、今は更地だ。その向かい、シャネルの入るビル
は、かつて最先端の服を着せたマネキンの立つファッションビルで、三島由紀夫などもよく
来たという二階の喫茶店、スタンダール『赤と黒』の主人公の名を採った「ジュリアン・ソ
レル」は、私の就職した資生堂宣伝部のデザイナーの昼のたまり場でもあった。ガラス張り
の中のらせん階段を上ってゆくのは見栄を満足させ、下の十字路は、創刊したばかりの若者
向け週刊誌『平凡パンチ』の表紙イラストになった「みゆき族」がたむろしていた。
　その先の、つるりとした黒御影石の外壁が戦後モダニズムの洗練を見せる大きな朝日ビル
も建て替えが決まり閉鎖中だ。明治時代ここに朝日新聞社があり、一時期勤めていた石川啄
木の歌碑が立つ。一階の輸入雑貨「サンモトヤマ」は銀座の高級ショップの象徴で、通りに
面した大きなウィンドウの前衛的ディスプレイは刺激的だった。地下の理髪店「米倉」は後
に高級店と知ったが、知らずに何度か入った。やがてここも穴の空いた風景になるのか。
　その先が資生堂本社だ。私が入社した一九六八年は新本社ビルが落成したばかりだったが、
宣伝部は入れてもらえず隣のビル、その後は本社裏の賃貸ビルに入れられ、本社ビルには用
のあるときしか行くことはなく、身なり自由、というか身なり怪しいデザイナーは玄関では
なく裏の守衛口から入るように言われた。私はそこで二三歳から四三歳の二〇年を過ごした。

その本社ビルも昨年建て替えられて新しくなった。お披露目内覧会に呼ばれて行ったが、何も思い出のないビルにはまったく愛着がわかず、私の資生堂はすべて過去となったことを実感させられた。私の知る銀座はなくなってゆく。

＊

江戸時代に能楽金春流の家元屋敷があり、その名がついた八丁目の細路地・金春小路は最後の銀座路地かもしれない。東の脇の「金春湯」は一丁目の「銀座湯」と並ぶ、銀座で二軒になった銭湯だ。

資生堂時代は残業が続き、千駄ヶ谷の風呂なしアパートに帰っても銭湯は閉まっているので、よく勤務中の夕方に金春湯に入りに行った。仕事前の板前などで混み、女湯もそうらしかった。玄関外に置かれたベンチで体を休め、花街だったころの金春芸者の名残かもしれないなまめかしい湯上がりのお姐さんをたくさん見た。その足で並木通りのおでん屋「お多幸」でおでん定食を食べ、またデザイン机にもどった。久しぶりに金春湯をのぞいてみたがベンチは昔のまま、午後二時の開湯は他所の銭湯より少し早いかもしれない。その金春小路

95　夏・銀座

の真ん中に「宣伝部の台所」と言われた居酒屋「樽平」がある。

「こんちは」

「いらっしゃいませ」

若い店長は何代目だろうか。たまに来る私の顔は知っているようだ。連日のように通ったころは挨拶もなく入り、当時の店長はまったくいつものこととして向こうも挨拶抜き、「あと何人？」とすぐ聞いた。新入社員の私は夕方になると「先に行って席とっとけ」と言われ、定時退社前に出かけた。初めは神妙に待っていたが、そのうち図々しくビールなど飲んで待ち、やってきた先輩に「すみませんお先に」と言うと「おう」と鷹揚に応じてくれた。

「ビール、それと……」

「樽平」は山形樽平酒造の直営店で、このあたりは戦災にあっておらず木造建物は戦前のもの。少し傾いた二階座敷で歓送迎会や課の飲み会をよくやった。酒は〈樽平〉と〝日本一辛口〟をうたう〈住吉〉の二種。肴は山形名物の〈玉こんにゃく〉や〈なめこ豆腐〉〈とんぶりとろろ〉〈小茄子漬〉〈晩菊漬〉など渋いもの。〈蛸ぶつ〉はよく頼み、冬は〈ひげ鱈鍋〉が人気だった。

カウンターと長卓に二人用の小卓が二つばかりの小さな店の一番奥の狭い四人卓が我々の

定席。五人になれば隣の椅子を持ってきた。話は仕事のことばかり。「今日の会議のあれは適当」「あの部署のあの人は元は……」など、社外ならではの本音は酒が入ればこそ。それまでの学生の青くさい話とはちがう大人の会話とはなんと面白いものかと聞き入り、笑い、ときに「お前はどう思う」と聞かれれば熱心に答えた。

小卓に座り、かつて自分が座り続けた椅子をじっと眺めた。銀座に勤めた二〇年、会社の自席以外ではまちがいなく一番座った椅子だ。そこで見ていた七時のテレビニュースで、石原裕次郎の死を知り、一緒に飲んでいたコピーライターは「今夜は一晩中、裕次郎を歌う」と出てゆき、その夜の銀座は至る所そうだったらしい。

裕次郎に一番似合うのは横浜だが、銀座ももちろん合う。中平康監督のライトコメディ『あした晴れるか』（一九六〇年）ではカメラマンに扮し、「東京探検」というテーマで生意気な才女・芦川いづみに顎で使われ、二人してこの金春小路を駆け抜ける場面があった。

　　心の底まで　しびれる様な
　　吐息が切ない　囁きだから
　　泪が思わず　湧いてきて

泣きたくなるのさ　この俺も

東京で一つ　銀座で一つ

若い二人が　始めて逢った

真実の恋の物語り

作詞・大高ひさを、作曲・鏑木創、ご存じデュエットソング『銀座の恋の物語』は、一九六二年、蔵原惟繕監督で映画化。新進画家に扮した裕次郎が恋人・浅丘ルリ子と夜の銀座裏を歩く俯瞰のロケショットは会社の近くだった。屋上の物干し台でトランペットを吹くジェリー藤尾を見上げて立ち止まった二人はにっこりし、そこから華やかな夜の銀座通りを歩くシーンに、この歌がルリ子との掛け合いで流れる。シーンの最後は夜七時を指す和光の時計塔で、場面転換の常套カットになった。

銀座は映画にしばしば描かれ、あの撮影はあの場所と特定するのが面白くなった。鈴木英夫監督の名作『その場所に女ありて』（一九六二年）は七丁目の広告代理店を舞台に、司葉子が怜悧な企画部員を演じて絶品。競合代理店の敏腕営業マン・宝田明もはまり役。何かの賞をとった若いデザイナー・山崎努が「ぼくは広告に自分を表現してもいいと思うんだ」と

うぬぼれるのを、私はひやりとする気持ちで見た。

銀座映画に必ず登場するのが高級バーだ。マダムを囲む常連客に中村伸郎がいれば育ちの

よい役員、清水将夫がいれば才のきく腹黒い重役、小沢栄太郎がいれば小悪党。そんな虚栄

のボックス席をカウンターから冷ややかに見つめる若い男というのが私の気に入りで、成瀬

巳喜男監督の『女が階段を上る時』（一九六〇年）で、高級バーの雇われマダムなどやめた

いと思っている高峰秀子をじっと見つめる仲代達矢はよかった。

しかし、銀座が最も似合う俳優は森雅之にとどめをさす。ダンディで知的で皮肉屋の、り

ゆうとした紳士。バーでホステスに囲まれて、

「君は新人だね、故郷はどこ？」

「○○です、私まだ銀座に慣れてないんです」

「ハハハ、そう固くなることはないさ、ぼくに水割り作ってくれないか」

「ハイ！」

「まぁセンセイ、早速目をつけたのね」

「いや、そういう訳じゃないよ」

この調子。名作『浮雲』や『雨月物語』で強靱な演技力を見せた森は風俗映画に出るのも

好きで、その姿にあこがれた。

　　　　＊

　ビールから替えた冷酒がうまい。肴は山形の〈だだちゃ豆〉。夏のまだ浅い時間、客は背中を見せてカウンターに座るカップルだけだ。

　昔の定席をまた見た。自分の若い日の二〇年がそこに座っているような気がする。信州の山奥から出てきた自分が、まさか花の銀座の会社に勤めるとは思わなかった。

　二カ月の販売会社実習を終え、本社宣伝部出勤となった初日、配属された課の課長や先輩が昼食に誘ってくれた。その年のデザイナー入社は私一人で、どんな奴かと興味をもたれていた。連れられたのは資生堂パーラーだ。食うや食わずの学生時代とまるでちがう、白いテーブルクロスに金縁の皿、銀のスプーンで食べるオムライスの味にこれが銀座かと思った。終えると「太田君はコーヒー？　紅茶？」と聞かれた。コーヒーカップには金色の花椿マークがあった。

　入社式では社歌が歌われた。

あしたの空には雲もにおい
夢さえつやめく小夜のしらべ
ましてや野山の花の色香
清きを高きを尋ねゆきて
われらがこめたる露のしずく
玉なすはだえに沁まんときぞ
あかるきひとみはかがやきそう

作詞・土岐善麿、作曲・橋本國彦、一九四六年制定のこの社歌は流麗なワルツテンポ。戦後の新しい出発（まさに私が生まれた年）を「美」に託した詞は、大言壮語調の社歌や校歌などとはまったくちがう優雅な調べだ。特に三番最終節は人気があった。

煉瓦地柳のゆかりふかく
銀座のさかえをここに占めて

誰かは知らざる資生資生

資生のよきなを名にしおえば

われらがねがいはまさにひとつ

新たにひらくる時のすがた

こころもひとしくうつくしかれ

社歌などというものはあまり憶えられない形式的なものだろうと思っていた私は、男社員

も女社員も、この歌が好きでたまらないというように朗々と声を張って歌う姿に心うたれた。

今でもすらすらと歌える。

そしてここは女の会社だ、女性的思考が優先するところだと知った。グラフィックデザイ

ナーとしてあこがれて入社したが、化粧品を売る会社とはあまり自覚していなかったのだ。

本社に女性社員はもちろん多く、美人ばかりで化粧もしっかりなら、女性の美徳もまたしっ

かりという気風に満ちていた。私は感化された。下世話に言えば、女と争ってよいことは一

つもない、女の言う通りにしておけば大体まちがいはない、第一、女に親切にされるのはう

れしい——。

酒も三本目になり、考えることも妙な方向になってゆく。

では銀座はどうだろう。

念願の入社がかなった私は、朝の出社はともかく、夜は毎晩最後まで残り、帰った先輩デザイナーたちの机を見て昨日と変わったところを学んだ。鬱屈した大学時代とちがい、この場所で芽が出なければ自分の未来はないと覚悟を決め、一心不乱にデザインに取り組む日々が続いた。

資生堂のある七丁目は銀座でも最もバーやクラブの密集する場所だ。夕方になればリヤカーの氷屋が大鋸でしゃしゃっと氷柱を切り、アラヨッと店に届ける。白衣に下駄の若いのがメモを手に買い物に走り、花屋が盛大な祝い花を届け、そのうち美容室から出てきた着物のお姐さんが小走りに店に急ぎ、磯辺焼きなどの屋台が支度を始める。

そんな光景を七階にあるデザイン室の窓から毎晩ながめた。もちろんクラブや高級バーは安月給サラリーマンには縁がなく「あれは成金のお上りさんが行く所、我々地元民は路地の居酒屋さ」と先輩はうそぶいた。

隣の新橋はサラリーマン向けの酒場地帯だが、我々は銀座から一歩も出ることはなかった。

銀座に居酒屋は少ないが、夜の仕事の人が早夕飯や一息入れる、あるいはホステスとなじみ

夏・銀座

の旦那が同伴する小さな店が路地奥に隠れるようにあった。共通するのは家庭料理。我々は
そこで飲み、黒上着を脱いだ白シャツ蝶ネクタイの男が煙草をふかし、着物のマダムがビー
ル小瓶を空けてご出勤するのを間近に見た。クラブのボーイがおにぎり一〇人前を取りにき
ていた。

懐かしいな、久しぶりに夜の銀座を流してみるか。

　　　　　　＊

楡、向日葵、酔芙蓉、あさ乃、ビビアン、オルフェ、銀座村、真由美、むぎ子、茜、美美、
花梨、麻衣夢、螢、じゅじゅ、京美、クラブアイ、東京会議、狐夢、ゆり、有情、クラブれ
もん、空飛ぶきつね……。六～八丁目はバーやクラブのビルが密集して電飾袖看板が林立し、
あでやかな着物、腰までスリットの入ったドレスの美女に立ち止まって見とれる。夜の蝶は
健在だ。酒盃を手にした裸のバッカスに裸女がからむ大レリーフをいくつも貼り付けたビル
地下のクラブ「数寄屋橋」や、並木通りの「ピロポ」「ザボン」などは文壇バーとして有名
で、後年私も作家のお供で入ったこともあったが、先生はともかくこちらはまったく相手に

されなかった。

銀座といえば夜の世界。作家や文化人が有名クラブに通い、「おそめ」の上羽秀、「エスポワール」の川辺るみ子は人気を二分し、山本富士子と京マチ子で『夜の蝶』（一九五七年／監督：吉村公三郎）として映画化され話題を呼んだ。

文人と銀座は縁が深く、多くの文人と交流深い骨董鑑定家・青山二郎が出資した銀座のバー「ウィンザ」にいた坂本睦子は、坂口安吾と中原中也に争われて坂口の愛人となり、小林秀雄に求婚されていったんは了承したが一方的に破棄してオリンピック選手と駆け落ちした。戦後ふたたび銀座のバーに復帰、河上徹太郎の愛人をながく続け、またその後、大岡昇平とも八年近く愛人関係をもち、ある日、睡眠薬自殺した。大岡はこれをモデルに小説『花影』を書き、河上の批評は歯切れわるく、また「知人」らも「本当の坂本睦子が書けていない」と言ったというのが嫉妬めいて笑える。

これを映画化したのが、銀座を描いては右に出るもののない監督・川島雄三だ。『花影』（一九六一年）主演の池内淳子はやや疲れたマダム役を巧みに演じ、青山二郎は普段は善良な役の多い佐野周二で、小ずるさのある古美術鑑定家を演じてリアリティがあった。坂本睦子もいたバー「ブーケ」はデザイン室から見下ろした真下で、山荘風の趣のある建物だった。

若かった私は本や映画の舞台の銀座を、次第に現実に感じていった。

真夏の明るさも消えた夜七時。天秤棒の風鈴売りや金魚売りの来る時季だが今日はいない。大相撲の夏場所あけは浴衣姿の力士が、ちゃらちゃらと草履を鳴らして行くのがよい光景だった。有名力士に「力をつけてください」と握手してもらったこともある。

この時間に店の中はたけなわのはずだ。黒服や、使いを頼まれたホステスが小走りに行き、面接に行くのか地図を片手に店を探す女性もいる。花束を抱いて辻に立つおばさんの役割は熟知する銀座の店案内で、「このビルの何階」と下まで連れていき、形ばかりの花束を買ってもらうのがお約束だ。路上で待機するハイヤー運転手たちは顔見知りらしく煙草を吸いながら雑談する。一〇時ごろになると客の見送りでぞろぞろとホステスが外に出てくる。金目の旦那は一人二人連れてハイヤーに乗り込む。

あこがれて入った資生堂も二〇年勤めて退社。独立してデザイン事務所を持ち、銀座は毎日通う所ではなくなった。月一度の銀座の床屋は続けていたが、それもいつしか手近な店に替わった。

そうして離れた銀座は新たな場所に、つまり訪ねてゆく場所になった。在籍中は仕事場だから飲むといってもなじみの店ばかりで、あちこち浮気はしない。しかし今はちがう。銀座

に通勤しなくなってから銀座を深く知りたいと思い始め、いろんなバーに通うようになった。

そういう本も書いた。

向かっているのはバー「テンダー」だ。

世界一のバーの街といわれる銀座でも「テンダー」は別格の存在だ。オーナーの上田和男さんは北海道に生まれてバーテンダーを志し、一九六六年、名門東京會舘に入社。八年後の七四年、銀座の資生堂パーラーにできたフレンチレストラン・ロオジエのウェイティングバーに移り、すぐにワンフロアを占めるサロンバーに拡大した。当時宣伝部にいた私は、金がなくなると給料引きのツケのきくそこで飲み、縁無し眼鏡をかけた上田さんがカクテルを作るときの怖いほどの真剣な目つきに、社交上手な銀座のバーテンダーとはちがう学究肌を感じていた。

資生堂パーラーの建て替えを機に、一九九七年独立し、銀座六丁目のビル五階に「テンダー」を開店。すでにIBA（国際バーテンダー協会）世界大会も二度出場して銀賞など輝かしいキャリアを築いていた。

エレベーターを五階で降りると、いつも少し服装を正して重いドアを押す。

「いらっしゃいませ」

107　夏・銀座

迎えるのは若手だ。どうぞと案内されたのは上田さんの真ん前。禁欲的に何も置いていな
い広いバーカウンターに座ってすぐすることはただ一つ、注文。

「ギムレット」

「はい、ギムレット」

上田さんは必ず注文を復唱する。それは客に確認するのではなく「今から作るのはこれな
んだ」と自分に言い聞かせるためと聞いた。

ボトルを並べ、調合を済ませたシェイカーを両手に取ると、ゆっくりと横に向いて立ち、
やおら頭上高く猛烈なハードシェイクが始まった。上田さんの名を一躍高めたのがこの独自
のハードシェイクだ。やがてテンポを落とすと正面に向き直り、揺すりながらカクテルグラ
スに注ぎ終えると、思い切りよくガシャッと盛大に振り切り、静かに「どうぞ」とグラスを
押した。

スー……。

いろんなバーにかなり通っているが、上田さんのカクテルはどことも違う。同じ材料でも
ちがう。伝統を重んじながらも自分の世界に作りかえている。

上田さんが資生堂に入ったのは一九七四年、私は一九六八年。ながく勤めて独立したのも

同じ、地方出身も同じだ。さらにカクテルもデザインも腕一本、自分の技量と感性で創造する仕事であるのも、さらに（これが目的ではないが）賞がキャリアになるのも同じ。私は上田さんに、同じ資生堂育ちを強く感じる。

　　　清きを高きを尋ねゆきて
　　　われらがこめたる露のしずく

資生堂社歌が胸をよぎる。上田さんもこの歌を歌ったはずだ。

銀座はいろいろな歌を生み、多くの歌手が銀座を歌った。私の銀座の歌はこれだなと思った。

秋・日暮里

日の暮れる里、日暮里（にっぽり）。

淋しさと仄（ほの）かな温かさ。淋しさは一日の終わり、温かさは帰るねぐら。

齢七〇歳も見えてきた私は「死」を思うようになった。父母を野辺に送ったとき、死は必ず私にも来ると実感した。恐れる気持ちはもちろんあるが、墓場には父母がいるという気持ちもある。墓は永遠のねぐらだ。

一八歳で上京し、東京生活が人生のほとんどになった。東京に慣れてゆく時期、仕事を得て身を固め、働いた時期、その仕事もさほどではなくなった今、五〇年も住んでもう東京の人間だという気持ちはある。

東京でいちばん好きな季節は晩秋だ。夏の熱気は過ぎて町は静かになり、大気は澄みわたる。東京都の木である公孫樹（いちょう）も次第に黄色を増し、落ちる銀杏を拾う人があらわれる。こん

な、じっと息をひそめているような東京が好きだ。自分の人生も晩秋になった。東京のエレ

ジー、哀歌を書けるだろうか。

＊

晴れた秋の日曜、根津神社を訪ねた。境内の黄に染まり始めた公孫樹を眺めて、わが身の

秋を一人かみしめてみよう。

地下鉄根津駅を上がるとなにやら賑わっている。貼り紙は〈10月18・19日　第16回　根

津・千駄木　下町まつり〉。祭とは知らなかった。不忍通りを、黄色の帯に水色の踊り浴衣

のおばさんたちが行き、通りの葦簀張りの小屋掛けからテンテケテンと祭り囃子が聞こえる。

根津鼓連とある太鼓は浴衣の姐さん、二つの締め太鼓は法被の若い男女、後ろの鉦は少女、

しわくちゃの爺さんが目をつぶり、しかめた顔を振りながら横笛を吹く。根津神社の例大祭

は毎年九月に山車を引いて盛大に行われる。今日のは地区商店会の祭で、寄席やかっぽれ、

和太鼓もあり、スタンプラリー抽選の特等鷗外賞は「津和野2泊3日ペア旅行券」だ。乗車

無料という人力車も行き交う。

〈根津商店街まつり藍染会場　主催・八重垣謝恩会・宮永商盛会・根津銀座通り商睦会〉と横断幕のかかる藍染大通りの、緑青銅葺き看板建築の商店や古い木造二階家は戦前のものだろう。通りは歩行者天国になり、根津の古い写真が展示され、配られる地図に〈町名由来は素戔嗚尊の歌「八雲立つ　出雲八重垣　妻籠みに　八重垣作る　その八重垣を」。八重垣町・宮本町・片町・藍染町・宮永町を根津五ヶ町という〉とある。

通りでは「小倉祇園太鼓　関東無法松会」の旗を立て、据えた太鼓を叩いている。多くない観客は、打ち手がさあ手拍子と言ってもあまりのらず、遠巻きに静かに見ている。上海料理食堂の前に机を出し、おそろいのピンク前掛け、バンダナ巻きで「こども店長」の札をつけた女の子三人が「ごま団子いかがですか」と売るのがかわいい。聞こえてきたのは根津小学校の鼓笛隊だ。そろいの臙脂ベレー帽、チョッキに紺の半ズボン。総勢五〇名ほどは盛大とは言いがたいが、商店街をゆく子供鼓笛隊は大パレードとはちがう親密感がある。沿道の商店から店の人も見に出てきて、わが子もいるのかもしれない。

根津神社の梢高い公孫樹はまだ緑ゆたかだ。緑の下に赤い山門は映え、境内には露店が並ぶ。神社の祭ではないので境内は貸しているだけ。プロの香具師は見られず、そろいのオレンジ色Tシャツに白割烹着の町内のおばさんたちが焼きそばや汁ものを売る。行列の〈根津

権現汁〉は、けんちん汁にワンタンの皮を短冊に切ったような平べたいうどん（？）が入るのは「神社札」の意味か。「さあ今年最後だよ」と声をはりあげる〈べったら漬〉を買うと丸い大根がずしりと重い。幼な子たちは若い姉さんの巧みな飴細工に目を凝らす。

朱塗り山門前の広い境内に、懐かしい大道啖呵売が出ていた。白羽織に紺袴、白足袋、頭に赤い天狗面を載せた大時代な支度で、地面の半紙に筆を小刻みに震わせてくねくね走らせ「龍」の字を書いてみせ、「おお、蛇に見える」と声を上げるのは「サクラ」か。昔なら黒山の人だかりだろうが、今はパイプ椅子を並べた「大道芸観賞」だ。「この霊験あらたかな……」と口上が続き、持った扇を一閃すると「牛頭天王」と書いたお札がはらはらと舞って一斉に見物人が拾いにゆく。

そこに現れた、裸に青い腹掛け、赤ふんどし、首に大数珠、頭に日の丸扇を差し、両手に鳴り物を持った髭男が「万々歳　おめでたや　世の中めでたいと申します　すたすたや　すたすたや」と裸足で踊るのはいかにも禍々しい前近代の異形が墓石を上げて出てきたようだ。口上によると、江戸時代に人集め手段に店の前で踊った「すたすた坊主」というものらしい。へらへら笑っているのがなお怖く、近寄られた子供は泣かんばかりに親にしがみつく。

続いて登場は「バナナの叩き売り」。机に大きな房を山と置き、丸め折った新聞紙で机を

バシンと一発叩いて啖呵売だ。

「銭のない奴は買わなくていい　見ているだけならタダでいい　クレオパトラか楊貴妃か小野小町かカアチャンか　さあ（バシン）いいバナナだね　昔は海老で鯛を釣る　こないだスーパーで驚いた　今は海老はタイから来る（笑いおきる）そのスーパーで買えば五〇〇円　それがたったの四〇〇円　え！　もう買うの？」早速手を挙げた客に拍子抜けのようだ。

「這えば立て　立てば歩けの親心　立てば嬉しい嫁心　ここんとこ子供さんは聞いちゃあいけないよ　コンチキショー　二つで持ってけ五〇〇円！（バシン）え、また買うの？」まるで売りたくないようだ。しゃがんだ子供がそのバナナをもう食べているのがおかしい。

「エーィ四〇〇円　買わねえなら三〇〇円　ヨーシもうヤケだ（はいはいと手が挙がる）一〇〇円！（一同爆笑）　人の話は最後まで聞かないといけないよ」

結局完売して口上も終わり、拍手がわいて照れるのがよかった。

　　　　　　　＊

神社から信号を越え、不忍通りと並行に千駄木方向にくねくね行く裏道は通称「へび道」

115　秋・日暮里

と言う。筆書きの蛇なら神社で見た。ここは藍染川だった筋で、藍染めに川はつきものだ。

古い家並の奥の、小岩井牛乳配達箱のある家に小さく「結構人ミルクホール」の看板があ
る。〈当店はお一人様専門店です　会話目的のご利用はごえんりょ頂いてます〉とことわり
書きしたガラス戸をあけた中は、普通の民家を靴で上がれるように改装した喫茶店だ。一人
用の机椅子は衝立や布で巧妙に仕切られて互いが見えなく、それぞれに電灯が下がる。頭に
タオル巻き、ジーパンに〈立山〉と染め抜いた酒屋前掛けの若い店主はもの静か。客は女性
が多く、皆読書。物音ひとつしないと思ったが、ほんの微かにピアノ曲が聞こえる。

〈800円※ブラックのみ〉とある珈琲メニューから選んだニカラグアは〈産地ニカラグア
ファティマ農園／品種ジャバニカ種／焙煎度微深炒／リッチなコクの中に、青々とした珈琲
らしい香味が生きる多層的な味わい。ほのかな甘味とキレのある味を爽やかに……〉と説明
が長い。

萩焼風の湯呑み茶碗で届いたコーヒーが歩き疲れた体にしみてゆく。静かな中でゆっくり
コーヒーを飲むだけの時間。「何もない静か」は何と充実した状態か。秋の祭はこの後はも
う何もないですよという区切りだろうか。若いときは「静か」の良さはわからなかった。永
遠の「静か」が「死」なのかもしれない。

不忍通り両側は、権現坂、狸坂、団子坂、寛永寺坂、芋坂、紅葉坂、富士見坂など上野の山に向かって坂が多く、千駄木から上野に上がる三崎坂をへび道が横切る所の「菊見せんべい」はきれいな名だ。森鷗外旧居観潮楼跡をはじめ、夏目漱石旧居跡、幸田露伴旧居跡、高村光太郎宅跡、岡倉天心旧居跡、青鞜社発祥の地など文人の旧跡も多い。

先の谷中墓地は、徳川慶喜、渋沢栄一、牧野富太郎、横山大観、鏑木清方、杉山寧、上田敏、広津和郎、獅子文六、佐佐木信綱、円地文子、色川武大、宮城道雄、長谷川一夫、森繁久彌。さらに常陸山、栃木山、出羽海、名寄岩、柏戸など力士たちも眠る。

墓をまわり、苔が生えて読みにくい文字を掃いて読む趣味を「掃苔趣味」と言うそうだ。子供のころ墓は怖い所だったがこの歳になると怖さも消え、落ち着きすら憶えるのは苦笑のほかない。昔よく青山墓地で花見をしたが、満開の桜と墓はよく合った。

あたりは寺が多く、大圓寺は九月九日・重陽の節句の「菊まつり」が有名だ。江戸期に木戸銭をとって見せた菊人形のスターは「江戸三大美人」の一人と言われた笠森稲荷参道の水茶屋「鍵屋」の娘・お仙で、江戸美人浮世絵師の鈴木春信に描かれた。昭和八年、朝日新聞に連載された邦枝完二の小説『おせん』は小村雪岱の挿絵が評判を呼び、昭和の文人・永井荷風が「笠森阿仙の碑」の撰文を書いたのは風流と言えよう。

大圓寺にほど近い宗林寺は入母屋大屋根に千鳥破風と唐破風を重ねた玄関を二つ構えた豪壮な寺だ。赤錆びた鉄扉の古い赤煉瓦塀の端から卒塔婆が立ち並ぶ墓地が見える。隣の「H

AGISO CAFE」は庭の椅子に順番を待つ人が大勢いる。

宗林寺は境内の萩が名高く「萩寺」と呼ばれ、隣の木造アパート「萩荘」は上野の東京藝大美術学部学生のアトリエやシェアハウスに使われていたが、震災後に老朽化解体となり、由緒ある風景が消えてゆくのを惜しむ入居者が解体前最後を記憶する展覧会を開くと、三週間で一五〇〇人もの人を集めた。通りに掲示した解説文の末尾〈この予想外の盛況を受けたことによりこの建物の価値が見直され、計画は一転、なんと改修され生まれ変わることとなり、2013年3月「最小文化複合施設」としてオープンしました！〉の最後の〈！〉に学生たちの達成感があふれる。建物リノベーションはさすがにうまく、折から開催中の『「本と街と人」をつなぐ、不忍ブックストリートの10年展』やオリジナルバッグの販売もおもしろい。いいぞ藝大生、よくやった。

もう五〇年も前の高校生のとき、東京の美術大学をめざした私は、同じく藝大をめざして東京で浪人中の兄を訪ねた。兄は藝大音楽学部にいる高校時代の先輩の下宿、といっても物置小屋の板張り二階に居候しており、まわりは寺の墓地だった。先輩が下駄履きで悠々とチ

エロを弾いていたのを思い出す。私も藝大をめざしたが、兄と同じ大学を受験して明暗が分かれたときを心配した父に説得されてあきらめ、別の大学を受けた。以来藝大生にはあこがれと期待がある。デザイナーの世界は実力主義で学歴は関係なかったが、藝大生はどこか浮世離れした「芸術バカ」が多く、それがまたよいところで、もし藝大に入っていたらそういう友もできただろう。二浪で合格した兄は藝大生活を謳歌したが、数年前に亡くなった。

　　　　　＊

　七面坂を右に曲がり、向かっているのは「朝倉彫塑館」だ。かつて兄を訪ねたとき教えられ、玄関屋上露天に裸でうずくまる男の像を置いた黒塗りの特異な洋館に、田舎学生は芸術の本場を感じた。外観は変わらないが、五年を費やした大規模な保存修復工事がこのほど終わり、今は「没後50年朝倉文夫展　ふたつの故郷・朝地と谷中」が開催中だ。

　大学を出て銀座の資生堂にデザイナーとして入った私は、三年ほどを過ぎ、さあいよいよ自分を発揮するころだと燃えていた。「個性ある女性像」を写真で描こうと始めた雑誌広告のシリーズ最終回に、モデルを立たせる場所として、天井高く自然光の入る朝倉彫塑館のア

トリエを思い出し、そこで撮影した。当時は早稲田大学にある大隈重信像の巨大な原型が置かれ、その足元を入れた写真は静謐な美しさがあると評価され、自信作となった。

巨大な採光窓のある高い天井はなめらかにカーブして壁になり、部屋の角隅もすべて丸い空間は彫刻背後に余計な直線を作らず、自然光がやわらかい。寄木張りの床に立つ等身大彫刻は、間近なだけに人間性を生々しく感じる。モデル代がなく弟に頼んだという『若き日のかげ』の青年の愁い、娘の摂と響子をモデルにした『姉妹』は背中合わせの姿態が優雅だ。

肖像彫刻の豊かな人物描写は圧巻だ。大隈重信像の原型は、間近に見る表情に遠望とはちがう深い人間味をくみとれる。

削り出す彫刻とは違い、粘土を固めてゆく技法を「彫塑」と名付けたのは朝倉の東京美術学校の師で、共鳴した朝倉は生涯彫塑家と名乗った。粗く指痕を残す男性像、滑らかに肌を整えた女性像など、肖像の持つ生々しい人間性は「生きているようだ」とも言えるが、一方「永遠」もまた感じさせる。人は死して永遠となる。迫真の肖像はその形だった。

大分出身で藝大の前身である東京美術学校を出て谷中に住んだ朝倉は、郷里・竹田高等小学校の同窓生・滝廉太郎像制作にあたった。像裏文にこう書かれる。〈君は十五才自分は十一才、十一才乃印象を土臺にして君の像を造ろうというのである。多少の不安を抱かぬで

もなかったが、制作に着手してみると印象はだんだん冴えて来て古い記憶は再び新しくなり、追憶は次から次へと蘇る、学校の式場でオルガンの弾奏を許されていたのも君、裏山で尺八を吹いて全校の生徒を感激させたのも君、それは稲葉川の川瀬に和した忘れることの出来ない韻律であった〉。足首まで長い白の制作着で、完成間近の像の脇に立つ朝倉の写真がいい。

自ら設計監督し、大工棟梁・小林梅五郎、造園・西川佐太郎、銅板葺き・佐藤卯平ら名工に腕をふるわせた、日本家屋と洋館を合体させた建物は精緻をきわめ、直線が基本の日本間においても曲線を多用して作家の造形を見せる。四方を建物に囲まれた池は床下まで満々と水をたたえ、「仁義礼智信」に配した見上げるような巨石は、ちまちました風雅を超えた雄大な世界観だ。少ない庭木は一月の梅から一二月の山茶花まで純粋の象徴としてすべて白い花にしたが、完璧を避け、ただ一本赤い百日紅を入れた。

屋上に上がると一気に展望が開けた。背を見せてうずくまる玄関上の彫刻は『砲丸投げ』の青年だ。屋上は樹もあり、菜園は二十日大根か。

見渡す東京の西空はかすかに赤くなってきた。西陽のあたる上野方面は広い墓地の向こうにスカイツリーが白く光る。これができたとき五重塔の相輪を思った。一帯に感じる死の雰囲気は夕照ゆえだろうか。

彫塑館を出た先の古い木造二階家、ガラス戸越しに仕事場の見える「鈑力店吉川」の二階

左右の銅板菱格子化粧戸袋は職人の腕の見せ場なのだろう。彫塑館で撮影したとき、全体の

空気が古めかしすぎるので一計を案じ、その店に頼みステンレス板を切ってもらって、大隈

像の台座に巻いたことを思い出した。

上がった御殿坂の経王寺山門脇は、萩や芒の秋草が自然のまま人の背丈より高く繁り、一

種荒涼たる様子がいい。石畳の境内は白萩が花盛りだ。卒塔婆の立ち並ぶ墓地にひときわ高

く古い墓石は「冠家」。案内板に《大黒天経王寺　明暦元年（一六五五）、当時の豪農冠勝平

が要詮院日慶のために寺地を寄進し、堂宇を建立。慶応四年（一八六八）の上野戦争のとき

敗走した彰義隊士をかくまったため、新政府軍の攻撃をうけることとなり、山門には今も銃

弾の痕が残っている》とあった。

墓石正面に大きく《帰空》、裏は《寛文九巳酉天正月二十七日》。

——帰空、空に帰る。骨は地に、魂は空に。　墓石は垂直に空を指す。

あたりは「夕やけだんだん」と言われ、夕焼けがきれいな場所として人気だ。日曜の今日

は〈下町まつり〉もあってか、たいへんな賑わいだ。若い男女四人がビール片手に石段に焼

鳥を置いて座り込み、暮れゆく夕陽を見ている。首から大型カメラを提げたアマチュアカメ

ラマンが「今日の夕焼けはいい」と話している通り、遠く富士の方向に、薄雲を赤く染めた空が美しい。夕焼けを見るのは久しぶりだ。都会で見る夕焼けもいい。シルエットになったビルが墓石に見える。一日が暮れてゆく。日暮里とはここのこと。

御殿坂の本行寺は別名「月見寺」。夕焼けの後は月見か。幸田露伴旧居跡はここにある。露伴は谷中の天王寺五重塔をモデルに、明治二五年、小説『五重塔』を発表、代表作となった。昭和一九年、監督・五所平之助と新派一党による映画化は、一徹の大工・のっそり十兵衛の花柳章太郎が優男ゆえあまり職人に見えなかったが、寺の上人・大矢市次郎や同僚大工の源太・柳永二郎、清吉・伊志井寛あたりは雰囲気があった。当然、谷中の五重塔も画面に出てくる。

一九五七年、塔は放火心中により心柱のみを残して全焼した。心中をはかった裁縫店勤務の男四八歳と女二一歳は不倫関係にあったという。今は礎石だけが残る。

すぐ先の「下御隠殿橋」というすてきな名前の橋はそのまま日暮里駅北口だ。ここは幾線もの鉄道を見下ろせる橋としてマニアには有名で、唯一、新幹線を見下ろせるとか。沈む夕陽と鉄道は合う。

日が暮れた。古いしもた屋で手作りを量り売りする「中野屋」の佃煮も買った。通りのそ

ば屋「川むら」は、肴もいろいろで酒の揃いもよく、飲めるそば屋として左党に知られる。

ここで一杯やって帰ろう。

「中野屋さんですね」

「ああ、あさりと小海老」

女主人が包み紙を見て声をかける。

「下町まつりに行ってきたよ」

「先週は谷中まつり、岡倉公園で藝大生のお琴を聞いたわ」

岡倉天心記念公園（旧邸・日本美術院跡）の小さな六角堂の中には金色の天心像があった。

藝大生が東京美術学校第二代校長の像の前で琴を披露するのはうるわしい。

ツイー……。

当店で推す滋賀の酒〈喜楽長〉が腹にしみる。

晩秋の一日は若いころを思い出させた。このごろはよく若いころを思い出す。自分は、自分の願った人生を送っただろうか。そうでもないし、そうでもある。結局こうなった。酒がうまい。それで何の不足があるものか。こうして何も考えなくなってゆく。これでいいのだ。いいのだろう。

冬・麻布

大学を終えて銀座の会社に勤務となり、住むところは千駄ヶ谷に落ち着いた。一間と台所の賃貸アパートは手狭だが、たいした物も持っていない独身暮らしにはこれでよい。住まいに関心のないまま仕事に没頭していた。家は寝るだけの場所だった。

しかし三〇歳を超していつまでもこれでよいのかと思い始めた。家ぐらい持っていないと嫁さんも来てもらえない。会社の住宅ローンで買うとするか。場所は通勤に便利であればどこでもよかったが、不動産会社から六本木のマンションを紹介された。

「六本木？」

八〇年代のバブル景気が始まったころで、六本木は夜遊びの中心地だ。自分もたまに繰り出したが、まさか住む所ではないと思っていた。半信半疑で見に行くと、六本木通りの喧噪がうそのように消えた鳥居坂だ。

「ここはどんな人が住んでるの?」

有名女優の○○さん夫妻とか、という返事は男心をくすぐった。もちろんその方は広大な最上階、こちらは三階の1DKだが、もしかするとお会いするかもしれない。何か夢がある(ような気がした)。組んだローンは二〇年。「二〇〇一年ローンの旅」と自嘲した。

＊

そのマンションに越すと近所を歩いた。

鳥居坂に最も目立つのは、昭和八年竣工のヴォーリズ設計の華麗なスパニッシュスタイルの東洋英和女学院。小径をはさんで「Gillette」と小看板のある旧・山尾邸は角の玄関に四本のねじり柱を立てて青瓦で葺いたイスラム風で、昭和七年、丸の内の明治生命館などで知られる建築家・岡田信一郎設計。隣の、英国風石造洋館、大正一一年ガーディナー設計の旧・小田邸はペディメント(三角破風)に私設天文台をのせたフィリピン大使館。さらに通り向かいは、ギリシャ風柱の車寄せ玄関上にバルコニーを設け、青銅の三角屋根をのせた装飾堂々たる石造り洋館の金光邸だ。

〈麻布の鳥居坂周辺は、木の間がくれに石組の洋館がみえたりして、東京ではほとんど唯一といってよい大正期の御屋敷街の面影を伝える通りとなっている〉〈〈麻布は〉大邸宅やしゃれた集合住宅の他、外国系の学校や大使館を引きつけ、現在も、東洋英和女学院やスペイン大使館などの外国人建築家の手になる昭和の秀作が数多く残され、坂道の多い静かな街のたたずまいとあいまって（……）〉（藤森照信／東京建築探偵団著『近代建築ガイドブック［関東編］』鹿島出版会・一九八二年刊より）。まことにこの通りだった。

勤め先の銀座への通勤は地下鉄日比谷線六本木駅からになった。

朝は駅まで歩く。道の左側は公的建物が多く、堅固な石垣の上の瓦葺き土塀が明治の面影を残す国際文化会館、外国人向け住宅群の川崎ハウス、広い私道が奥をうかがわせない日本銀行鳥居坂分館、日曜午前には外国人信者の集まる鳥居坂教会。建物はどこも高い樹で囲まれて朝の道の空気は清々しく、こちらから行くのはわれ一人、向こうから通学して来る東洋英和女学院生徒の集団とすれちがう。学習院女子部、東京女学館と並んで東京三大女子高セーラー服と言われた海老茶のネクタイスカーフがすてきだった。

わが家の向かいはシンガポール大使館で国旗が揚がっている。その奥はこのあたりに多い外国人向け高級住宅「HOMAT」で、建物それぞれに愛称があり、ここは「CONCOR

D」と「MAJESTY」が向かい合う。突き当たりはブリヂストンタイヤの石橋家が入るマンションだ。

急坂を下った鳥居坂下信号を渡った左右は麻布十番商店街だ。当時麻布十番は交通の便が悪く、新一の橋には「陸の孤島　悲願地下鉄開通」の常設看板があった。夜おそくには、近くにできたばかりの巨大ディスコ「マハラジャ」から、六本木の地下鉄終電に乗る若い男女がぞろぞろ群れをなして鳥居坂を上った。

越してから、六本木にはまったく行かなくなった。　住む所では遊ばない。

上京しておよそ一五年が過ぎて新宿や銀座に慣れてくると、興味は古い東京、それも戦前の落ち着いた山の手に移っていた。日曜の朝はいつもその一帯を歩くようになった。

鳥居坂下から両側を高台がはさむ暗闇坂を上がった元麻布は、信州の田舎であこがれた戦前の東京の落ち着いた上流お屋敷があり、名門女学校に通う女学生の弾くピアノが聞こえるはずだ。

〈明治20年以後、少しずつ（麻布は）新政府の指導者や華族、実業家たちが旧大名屋敷跡を買いとって私邸を構えはじめ（……）高い塀に囲まれた広い庭を前に、接客用の洋館と私生活用の広大な和館の並ぶ独自の御屋敷町の形成をみる〉（前掲書より）

そういう屋敷はいくつもあった。それらは屋敷といっても田舎旧家の日本家屋とはちがい、ひっそりした洋館で人の気配はうかがえず、ヒマラヤ杉の梢の間に見える二階の窓はカーテンで閉じられていた。

暗闇坂、一本松坂、大黒坂の三つが集まる三差路の大正一三年築の洋館・阿部邸は、玄関はモザイク飾り、縦窓には装飾破風、壁にはイコンのような不思議なタイル画、屋上はコーニス（かざり縁）を回した、子供のころ読んだ江戸川乱歩『少年探偵団』の「誰が住むかわからない山の手の古いお屋敷」そのものだ。

長い煉瓦塀で囲まれた車寄せのある玄関の多くは大使館で、門柱には各国文字の金色の表札板やエンブレムがある。砂利を敷き詰めた前庭をもつ石造りの大きな洋館は戦前からの財閥の会員制倶楽部。広大な敷地の梢高い樹で囲まれた奥にちらりと見えるだけで、まったく何かわからない家がいくつもある。

外国人子女の通う「西町インターナショナルスクール」は大正一〇年築、ヴォーリズ設計の旧・松方男爵邸で、日本の学校とは雰囲気がちがった。また別の所で迷い込んだ道の突き当たりの、八角形上半分のアーチ門は聖心女子学院の正門だった。いくつもあるHOMATの「HIGHLAND」「WISTARIA」「RIVIERA」などは、マンションブーム

で売り出し中の派手な外装とちがい、樹々に隠れるように薄緑のタイルで統一されていた。

庶民的な家や商店はなく人の気配も感じられない、しんとした屋敷町がどこまでも続いた。

元麻布を抜けた南麻布の、都心にこんなに緑があるのかと驚いた有栖川宮記念公園には有栖川宮の軍服騎馬銅像が立ち、その先は外国人向けのスーパーマーケット「ナショナル麻布」があった。

これが山の手か。ここから学校に通う子は制服だろう。田舎で見ていた少年雑誌挿絵の東京の子供は、制帽に折り目のついた半ズボン、黒いソックスで革靴をはき、冬は手袋に厚手のオーバーを着ていた。それは戦後間もない田舎のはな垂れ小僧の、入学式で買ってもらった学生服も袖口は拭いた鼻水でピカピカのまますぐつんつるてんになり、以降は破れセーターにつぎ当てを繰りかえしたズボンと藁草履の、着られれば何でもよいありあわせ服とはまるでちがう。上京して見た慶應幼稚舎の紺の制服に、挿絵は本当だったと知った。女学生の襞スカートのセーラー服も、冬のおそろいの紺のオーバーも初めて見た。

子供ごころに漠然とあこがれた東京。お屋敷に住み、朝は父母にきちんと帽子をとって「行ってまいります」と挨拶して学校へ。セーラー服の姉は通学の電車では手を重ねて膝の上に置き、伏し目にしている。休みは着替えて動物園や食堂に出かける。父はたまにハイヤ

父と士官学校に進む兄はながく話している。その世界がここにはあった。

ーで帰ってくる夜もあり、母は寝ないで待っている。正月、応接室洋間に通された軍服の叔

＊

麻布がすっかり気に入った私は、会社帰りに銀座で飲んだ後は麻布十番の居酒屋で仕上げ

るのが常になった。屋敷町の元麻布とちがい、麻布十番は商店街で気軽な居酒屋もある。お

そい時間になると他所の人間はいない「陸の孤島」の隔絶感がこちよく、いつまで飲んで

いても家はすぐそこにある安心感で酒のペースはゆっくりになり、居座る時間はながくなる。

その場所に居るだけで満足できる気持ちは一人で飲む孤独愛好ともなっていった。ここに住

むことはあまり人に言わず、人も誘わず、一人で過ごして酒を飲んだ。

夏はビルの上階にあるバーの外階段から両国の遠花火を見た。秋の麻布十番祭は各国大使

館の屋台が並び、大使館詰めの女性は美人ばかりで陽気にビールや各国料理を宣伝した。私

はドイツのビールとソーセージ、ビルマのカレーが好きだった。商店街真ん中の広場「パテ

ィオ十番」の小さな仮設ステージに出た物まね芸人はコロッケと言い、ちあきなおみの形態

133　冬・麻布

摸写が絶品だった。ある年の夏、いつも買う八百屋隣のマンションの一階ガレージで、テンガロンハットをかぶったアメリカ大使館の素人カントリーバンドが演奏を始め、さすがにうまく、聴き入る外国人たちをやんやと、またしんみりとさせていた光景が忘れられない。

新一の橋の高速下の空地では、太鼓の櫓を巻いて盆踊りが行われた。曲は『東京音頭』。

"花の都の　花の都の真ん中で"　幼き日に田舎で聞いた『東京音頭』の踊りの輪に私も加わったのは、東京の人間になったという気持ちだったのかもしれない。

わがマンション住民の自治会会合は隣の国際文化会館会議室で行うのが通例で、終わると館内のレストランで軽食をとった。ここは多度津藩（現香川県）の江戸屋敷、明治初期に井上馨侯爵邸→久邇宮邸と変遷し、戦後は国有地となっていたのを一九五五年、岩崎小彌太邸→岩崎小彌太邸と変遷し、戦後は国有地となっていたのを一九五五年、岩崎小彌太前川國男・坂倉準三・吉村順三の共同設計により国際文化会館として発足した。岩崎小彌太が京都の名造園家・七代目小川治兵衛に作庭させた広大な日本庭園は残され、マンション裏通路の木立の間からのぞき見えて、そこに気軽に出入りするのは地元意識を高めた。

春は国際文化会館入口の桜が満開になり、同じ桜を毎年見ることを知った。冬、珍しく雪が降るとマンション下の坂はハンドルをとられた車がスリップして数珠つなぎにエンストした。あるとき、下で映画のロケをしている俳優・高橋英樹が見え、彼が主演した鈴木清順監

督『けんかえれじい』の大ファンだった私は、監督の同名本にサインしてもらいに走り下りたことがある。

部屋に小さなユニットバスはあったが、もっぱら鳥居坂下の銭湯「麻布十番温泉」にタオルと石鹸をさげて通った。コーラのような黒い鉱泉はよく温まり、番台のおばさんとも仲よくなった。八百屋、魚屋、豆腐屋もいつしか店が定まり、スーパー「ハラストアー」や「大丸ピーコック」は大使館の町にふさわしく世界各国の食品や酒がいくらでもあった。麻布十番は韓国料理屋が多く、仙台坂・韓国大使館向かいの「韓国食品センター」には季節のキムチをよく買いに行った。日々は充実し、私は東京に住む所が初めて定まったと感じた。

そこから銀座に通い続け、四〇歳を過ぎたころ、二〇年勤めた資生堂宣伝部をやめる決心をした。何の不満もなかったが、もうひとつ自分を飛躍させるには独立するのがよいだろうと思った。フリーのデザイナーでやってゆくには仕事場が必要だ。流行商売のデザイナーはどこに事務所を構えるかは重要で、人気は青山だったが、私は麻布を離れたくなく、見つけたのは麻布台だ。

六本木族のはしりと言われたミュージシャンや芸能人の集まる飯倉片町のイタリアンレストラン「キャンティ」横の坂を下った突き当たりの「和朗フラット」通称・スペイン村は、

農学者の上田文三郎がアメリカ留学後の昭和五〜一一年の間に新しい都市スタイルとして自宅奥の敷地に自ら設計して建てた住宅群だ。木造二階建て、白壁の洋風集合住宅が三棟、中庭や通路をはさんで不規則につながり、窓、玄関はすべて形がちがい、青や緑のペンキで縁取られてファッション写真の撮影によく使われていた。私の棟は新しく建て直したものだが敷地は同じだ。

デザイン事務所には名前が必要になる。「太田デザイン室」のようにわざと凝らないものが多かったが「太田」姓は個性がない。しかし全くの新語は覚えてもらえない。だれもが知る語で、「ア」で始まり「ン」で終わるのが良いと「アラジンデザイン」を考えた。いちおう会社にするので調べてもらうと、同一区内に同じ会社名は名乗れず、すでにあるという。ちなみに何の会社か聞くと「大人のおもちゃ販売」だった。あぶないあぶない。そういうもののデザイン依頼が舞い込んでくるかもしれないがそれも面白いか、などとのんきに構えたが、そうもゆかず「アマゾンデザイン」と決め、早速ロゴをデザインし、借りた一階玄関に掲げ、自分だけの机に向かい「さあやるぞ」と両腕を上げたときの昂揚をよく覚えている。

キャンティからの下り坂は一周するとまた元にもどる袋小路で部外者が入ることはなく、都心のエアポケットのように静かなのんびりした所だった。仕事場では黒ラブラドールの愛

犬ケリーを飼い、そのうち放し飼いにしたが何の心配もなく、ケリーは定時に近所を見回りしていたようだ。袋小路だが、自宅の鳥居坂からは首都高速環状線の下をくぐる小さな地下道が抜け道のように直結し、朝夕そこを往復した。

麻布台もまた大邸宅が並び、石橋財団のブリヂストン美術館永坂分室や、「岩崎」と表札のある迎賓館のような石造洋館、見上げる大樹林に囲まれた屋敷数軒はイギリス郊外の家のように塀囲いもなく土の敷地に木立ちの枯葉が重なる。ひときわ瀟洒なスペイン風白壁のお宅の表札「松山」は、松山善三・高峰秀子夫妻の家とすぐわかった。日本映画を代表する大女優の家はわが事務所上の高台にあった。

毎日通う和朗フラットの庭は初夏は山吹、秋は萩が咲く。そこに椅子を出してコーヒーを飲み、足下に愛犬を座らせた。あれだけよい環境の仕事場はなかった。

その麻布もおよそ二〇年住んで離れた。上京して最もながく住んだ所になっていたが、結婚して住むには手狭で限界があった。麻布台の仕事場もそれ以前に越していた。デザイン事務所はバブル景気がはじけたというのか儲からず、高い家賃を払い切れなくなった。

「二〇〇一年ローンの旅」は終わっていた。越したその年に麻布十番は悲願かなって地下鉄南北線と大江戸線が開通した。

マンション最上階に住む有名女優は私が出る以前に他所へ越していたが、一度だけお会いしたことがあった。

ある夜乗ったエレベーターを閉めようとすると、玄関から小柄な女性が一人入ってきて、ジョギング姿に大きなマスクをしていても、すぐその方とわかった。ドアをオープンにして待つとややためらったようだが乗られた。知らぬ男と二人きり、後ろの隅で身を固くしているのがわかる。何か話したいがもちろんそれはできない。私は考えて一言だけ話した。

「何階でしょうか」

「○階をお願いします」

映画でよく知る、ややくぐもりのあるお声だ。私はその階のボタンを押し、振り向かずに三階で降りた。それだけだった。

  ＊

――そして一五年、冬の午後の鳥居坂下に立った。懐かしい町を歩いてみよう。他所に越してから麻布十番は激変した。業界人が夜隠れて遊ぶ所と噂されていた「陸の孤

島」への地下鉄開通は話題になり、休日はお上りさんであふれ、鯛焼屋に長い行列ができた。知る人ぞ知る元大名屋敷の毛利庭園はつぶされてテレビ局になり、通りの奥に建った巨大な六本木ヒルズのビルだ。

風景を最も変えたのはその後、道路まで開通した。

坂のかつての住処から事務所までの同じ通勤道を歩いた。「川崎ハウス」は更地になって仮設のような劇場が建ち、向こうに六本木ヒルズが見える。鳥居坂の道に沿う旧・山尾邸はなくなり、旧・小田邸のフィリピン大使館はビルに変わり天文台はどうなったかわからない。金光邸もなくなった。いま一帯には超高層ビルの六本木五丁目西地区再開発計画がもちあがっている。

麻布台の和朗フラットの一棟は普通のアパートに建て変わっていたが、仕事場のあった棟は健在でどこかの会社が入っている。懐かしい庭の手押しポンプ井戸はまだあり、把手を上下すると私を待っていたようにこんこんと水があふれた。変わらないのはお前だけだ。

狸穴坂を下って旧・三田小山町に入った。このあたりでは珍しい古い木造家屋が密集する地域で、鳥居坂に住んでいるころ、奥の銭湯「小山湯」によく入りに来た。会館風の麻布十番温泉とちがい、大正一〇年からの昔ながらの煙突のある銭湯は趣きがあったが、やっているだろうか。

再開発で建った超高層タワー二棟から、麻布十番との境界の古川に押し寄せられるように
なりながらも小山町は昔のままだったが、小山湯は「今月の定休日」の札を空白に閉業して
いた。近所を歩くと、おお、「亀屋」「黒沢商店」二軒の豆腐屋がまだ健在だ。風呂帰りはい
つもここで豆腐を買い、二軒を味比べしたこともあった。黒沢商店で聞くと、小山湯は主人
が体をこわして休んでいるうちにペンキも剥げてきて、それをしおに二〇〇七年に閉業。こ
のあたりも六年後には再開発が始まるらしい。こんど豆腐を買いに来なければ。

麻布十番から坂を上った元麻布は、異形のキノコ形高層タワー住宅をはじめ、億ションな
らぬ十億ションばかりに変わり、古い屋敷は何もない。ただ一軒、阿部邸はそのままあった
が隣の空地は駐車場だ。外部を拒絶するように四角く冷え冷えした超豪華マンションビルば
かりが並ぶ通りは、監視カメラと管理人が見張っているようで人の気配のかけらもない。樹
木も減った。

昔日の面影ないまま旧・宮村町に足を向けた。そこは元麻布のマンションの谷間に、奇跡
的に昔のままの二階建て木造家屋が長屋のように数棟並び、それぞれに煙突、二階に物干し
台のある、下町月島のような所だった。自転車が置かれ、軒に風鈴が下がり、家まわりには緑の鉢植
一角はそのまま残っていた。

えがいくつもある。棟の間の路地を遠慮して歩き、隣の児童公園の上からもう一度全体を見た。高層マンションに囲まれて身を寄せるような屋根の連なりは、そこだけが人の住む匂いがする。私は自分の住んでいたころの麻布の思い出を重ね、しばらく眺めていた。

麻布十番に戻って入った居酒屋「はじめ」は、住んでいるころ毎夜のように来た店だ。

「こんばんは」

「お、いらっしゃい」

来訪に主人はすこし驚いたようだが、それきり何も言わない。カウンターの大皿から選ぶお通しは《菜の花辛子和え》にした。

なじみ席に座ると瞬時に昔に戻ったが、麻布からかつての屋敷町の風情は消えていた。自分はよい時代に住んでいたのかもしれない。久しぶりに来ても特に話をするわけでもないのは、このあたりの店らしい。それでも何か話してみよう。

「十番温泉のあった空地は何になるの?」

「さあ」

「ここの客はどう?」

「今も業界ですね、この辺はテレビの制作会社とか多いんですよ」

当店は天現寺から越してきて三一年目と言う。そのころから知っていて、あの店が麻布十番に来たのかと確かめに入ったのが最初だった。亡くなった先代は業界の噂話などまったく我関せずでいたのがよかった。

——三一年か。私は店内をもう一度見て、盃に目を落とした。

春・下北沢

東京の大学に合格し、長野県松本から上京したのは一九六四年、一八歳になったばかりの春だった。

初めは板橋の兄の下宿においてもらい、しばらくして一人暮らしを始めた。下北沢の南口商店街を抜け、住宅街の始まるあたりの郵便局の向かい、化粧品店奥の一軒家だ。といっても家々の谷間にぽつりと立つ物置を改造した木造小屋で、玄関の小さな戸を開けた目の前は水道と流し、右に便所、左に四畳半一間だけの極小だが、一人前に専用路地をもつこの一戸建てを大いに気に入った。

デザインの勉強のための画材とふとんの他は何もなく、四畳半の部屋の三分の一を占める、下が物入れになった一段高い寝台にふとんを敷くとすぐ引っ越しは終わり、しばらく考え、実習用のケント紙で表札を作り、玄関に画鋲で留めた。

「太田和彦」

自分の表札を出すのは初めてだ。小さいながらも一国一城の主。悦に入って腕を組み、しばらく眺めていた。

住所、世田谷区代沢五の二九の一四は「居にくいよ」と憶えることにした。

鍵を閉め商店街に買物に出た。ラッキーにもすぐ先は銭湯だ。向かいは八百屋、酒屋のそのあたりは複雑な六差路をなし、一角に小さな庚申堂があった。自炊せねばならず、荒物屋に入り、小さなガス台と赤い蓋の片手鍋、ざるを買った。電気釜は兄からもらってきた。

子供のころからはやく一人暮らしをしたくてたまらなかったので、下北沢の日々は楽しかった。町は活気があり、駅北口には終戦直後の一九四五年九月から始まったという闇市マーケットがそのまま残っていて、裸電球の下に鮮魚や野菜がずらりと並び、おでん種や銘茶、チョコレートなどの輸入菓子や化粧品、米軍放出品などの店が迷路のように続いていた。一番奥にあるサイキ画荘ではよくクロッキー帳や絵具を買った。

授業が終わるとすぐ家に帰ってきた。下北沢駅は小田急線と井の頭線が斜めに交わる複雑な駅舎で、南口、北口を二階高架でつなぐ改札通路はいつも人であふれている。南口の階段を下り、右の小田急ストアでくずハムこま切れ（五〇円）を買い、途中の八百屋でもやしひと摑み（一〇円）、最後に豆腐屋で豆腐一丁と納豆（計三五円）を買って、総計九五円が毎

日の夕食だ。これで作るくずハムもやし炒めに、豆腐のみそ汁、納豆とご飯が毎日変わるこ
とのないメニュー。電気釜から炊きたてご飯の匂いがしてくると幸福だった。

殺風景な部屋はまず、虎がこちらへ飛びかかってくる絵の「サルバドール・ダリ展」の大
きなポスター、それに飽きるとノートルダム寺院を写したパリの観光ポスター、そのうちミ
ケランジェロ・アントニオーニ監督の映画『情事』のポスターに替わった。

夕食がすむとすぐうたた寝をしてしまい、そのまま朝まで眠ってはいけないと、夜遅く終
電車の去った駅に入りポスターを集めてまわった。駅貼りの画鋲は頑丈な特別製で指では取
れず、持参のスプーンを使いテコの原理ではずした。

毎日金がなく、新宿や池袋の名画座で映画を見れば手元にいくらも残らなかった。親から
の仕送りが届くころになると向かいの郵便局に顔を出し、自分宛の書留はないかと尋ねた。

週に二日、家庭教師のアルバイトをした。家からバイト先へ歩いてゆく坂道途中の、高級
車ヒルマンミンクスが時々停まる「平田」と表札のあるお宅は女優・久我美子（御主人は俳
優・平田昭彦）邸。一度はお見かけすることもあるかと思ったが望みはかなわなかった。私
の家あたりを境に奥は世田谷の高級住宅地になり、当時の総理大臣・佐藤栄作の私邸を見に
行くと塀の囲む屋敷の三方に警官が立っていた。俳優・佐野周二邸もあると聞いた。場所は

147　春・下北沢

わからなかったが、家のまわりにスクリーンで見るスター俳優が住むのは、東京に居る実感を高めた。

今は演劇と音楽の町になった下北沢だが、井の頭線の明大前駅と駒場東大前駅にはさまれて大学生が多く、東大に入った田舎の中学の同級生を駒場寮に訪ねたこともあった。一方、新宿にたむろしていた売れないゲージツ家が流れてくる町でもあり、どうしてそうなったか忘れたが、当時アメリカのアンダーグラウンド文化の紹介者であった金坂健二氏にスナックバーで話しかけられ、酒を飲ませてもらったこともあった。

金のない身は外で酒を飲むことなどできない。たまに友達が来て畳で宴を張ったがたちまち酒はなくなり、夜一二時を過ぎると、駅近くの居酒屋の裏からそっとビールを持ち出し、空になった瓶はもともと空き瓶だったというふうに元の場所に戻しに行った。

そのころ下北沢には映画館が三つあり、封切り遅れの日本映画三本立て「グリーン座」は草履ばきでよく通った。見た映画はノートに書き、一九六七年は一一四本。グリーン座では『殺人狂時代』『大冒険』『出獄の盃』『日本春歌考』『雌が雄を喰い殺す／かまきり』『愛の渇き』、『情炎』『さそり』『ある殺し屋』の各三本立てを見ている。三本見れば一日がつぶれた。ひまだったのだろう。

南口商店街の中ほどの北沢書店にはよく入り、雑誌『映画芸術』『映画評論』は毎月買った。当時は映画批評の全盛期で気鋭の評論家の鋭い論陣は刺激になった。

そこで見つけた雑誌『総合芸術』は「発行::TAM TAM芸術集団」とあり、巻頭言は〈タムタムは創造世界のマフィアである。それは地球のいたるところに出没し、芸術家を僭称するすべての衰弱と欺瞞の徒を次々に狙撃しつつ、一大芸術シンジケートたるタムタム帝国の建設を唯一至上の目的とする〉とまことに勇ましく、〈われわれは軍資金がほしい〉と続き〈金銭と芸術のアウフヘーベン〉を標榜するのが情けないというか笑わせる。

ある号の超ワイド特集「日本の啓蒙シリーズ1 日本の恐怖」は、〈乞食になるか暴力団になるか〉〈鴉になるか狼になるか〉〈香具師になるか手品師になるか〉〈陰ポテン徒になるかポテン徒になるか〉〈牛馬になるか戦士になるか〉など、本気かハッタリかわからぬようなタイトルが並ぶ。

「タムタム在パリ特信員現地レポート」は〈フランスにおけるタムタムイズムの反響／パリは世界芸術の心臓部では決してないが、少なくともそこをつけば、世界の知的精神が興奮し動揺する、いわば柔らかい下腹部であることはまちがいない。そのパリで、雑誌『総合芸術』とタムタムの存在は、すでに一部のインテリに畏怖と好奇をもって知られていたらし

い〉と誇示し（ほんと？）、「65年度フランス映画界の新地図／山田宏一」はゴダールもトリュフォーも新作はSFとレポートしている。

編集後記は〈なんの意気込みもない、なんの感涙もない、ましてやほっと気の休まる思いもない、ただ混迷と自己への憎悪を込めて今号を吐き出す。松本俊夫にいわれなくても「俺にとってもっとも好ましいことは、芸術なんてすぐやめてしまうことだ」なんてことは承知の上。こうなりゃ、みずからをセイノレスだと信じて疑わない狂いマイダスの無鉄砲なメチャクチャ剣法の威力を示してやる〉と鼻息も哀愁もある。

編集部は駒場にあり、志は高く金のない芸術集団がうろうろするのに下北沢はふさわしく、そこに居てまだ何者でもない私は、知的な見栄もあり前衛的な論調に飢えていた。

六〇年代は日本のデザインの勃興期で、デザイナーになる夢をもって進んだ大学だったが、その方面ではまったくレベルが低く、教授や講師は日々刺激的に発展しているデザイン界のことなど何も知らなかった。兄の入学した東京藝大をはじめ、高校同級生の入った武蔵野美大などを訪ねると活気も刺激もあり、同じことを学ぶ学生たちばかりのまぶしい環境に、やはり専門の美大でないとだめだと大いなる差を知った。

下北沢の一人暮らしに慣れてくると自分を見つめるようになり、この大学でいくら勉強し

て良い成績をとっても、プロのデザイナーにはなれないのではないかという根本的な焦りが消えなくなった。学校へ行く意欲は減り、改めて藝大を受験することも考えたが、そんな半端では合格するはずもなく、いつしかただの夢になった。

朝、目を覚ますと学校に行くかサボるか迷いつつ、唯一の財産である枕元のFMラジオから流れるクラシックに聴き入った。NHKの知的な女性アナウンサーによる、バリリ四重奏団のモーツァルト弦楽四重奏連続放送に、つまらぬ授業よりもこの方がよほど自分の教育になると感じ、小窓から見えるいちじくの葉をいつまでも眺めていた。

それでも授業に行かねば始まらない。小田急線を新宿で山手線に乗り換え、池袋から地下鉄に乗るが、降りるのが嫌でそのまま山手線に残り、なんとなく上野で下車。あこがれの東京藝大の門まで行ったが中に入れるわけもなく、楽しそうな男女藝大生たちをぼんやり見ていた。自分はあの中に入れなかったのだ。引き返すしかないその足で東京文化会館の音楽資料室に行き、申し込んだ大曲レコードをヘッドホンで聴きながら、何をしているんだろうと気持ちが沈んだ。聴き終えて帰る電車の中で今日も無駄に終わったという気持ちが重なった。

裸一貫、それをよしとして出てきた東京は期待どおり刺激的だったが、肝心な自分のよって立つ基盤への不安は日々の自由さなどでは消えなかった。一八歳、一九歳は一生で言えば

「春」。生涯を支える何かが芽生えなければいけない季節に、自分にはまだ何もないまま時間が過ぎて行く焦燥感。危機の中にいる自覚は山のようにのしかかっていた。

ある、しんとした夜、鬱屈した気持ちを抱えていると、隣の大家さんの家からきれいな尺八の音が聞こえてきた。初めは横笛かと思ったほどの美しい音色は心にしみ入り、微動だにせず耳を傾けた。大家さんとは月一度家賃を渡すほかにつきあいはなく、どなたが吹いていたのだろう。

大学を終え、就職も決まり、千葉県にある社員寮に入ることにして、この家を出るときが来た。荷物をまとめ、最後に表札の紙をとると、四隅に画鋲のあとが白く残り、なんとなく捨て難くポケットに入れたがすぐどこかへ行ってしまった。社員寮はとてもつまらなく数カ月で飛び出し、あのままあの一軒家に残っていればよかったと思っている。

今でも私は下北沢をわが町と思い、訪ねてゆく。芝居のときは「代一元」か「珉亭」でラーメンを食べてから劇場に入る。ときどき南口に降り、かつての「わが家」を確認し、誰か住んでいると安心してきたが、二年ほど前ついになくなり更地になっていた。

私はある同じ夢を繰りかえし何度も見る。それは、今住んでいるところとは別に、まだこっそり下北沢の家を借りていて、そこには着替えや食器があり、たまに訪ねて風を入れたり

一晩泊まる夢だ。目覚めるころ、ああ久しぶりに思い出した、今日あたりちょっと行ってこようかと思っていると本当に目が覚める。

あれからおよそ三〇年たったが、一軒家に住んだのも表札を出したのもあのときだけだ。

私は下北沢のあの家に帰りたい。

　　　　＊

　──ここまでは、下北沢を出た二八年後に、あるところに書いた文に書き足したものだ。

それから一八年、下北沢を出てからは四六年が過ぎ、はや六九歳となった。一生で言えば晩秋か。六九歳となったこの春に、一八から二二歳の私の人生の春、温かい日も寒い日もあった町を訪ねてみよう。

といっても下北沢はつねに来る町になっていた。目的の一つは演劇だ。三つあった映画館はなくなったが、代わって一九八二年に本多劇場ができて以来、今や、ザ・スズナリ、駅前劇場、OFF・OFFシアター、「劇」小劇場、小劇場楽園、シアター711、小劇場B1と、じつに劇場が八つ、他にもいくつかの小屋がある一大演劇の町になった。本多劇場のこ

153　春・下北沢

けら落としは唐十郎作『秘密の花園』で、下北沢に住んでいたころから新宿・花園神社の紅テント公演で唐十郎作品を見ていた私は、それが本格劇場の「板に乗る」とどうなるだろうという気持ちで見に行ったのを憶えている。

下北沢を出て銀座に勤めるようになってからも演劇はまめに見続けていた。渋谷の教会地下のイベントスペース「ジァン・ジァン」を公演場所としていた「劇団東京乾電池」は毎回見るうちに、座長の柄本明さんらと知り合いになりポスターデザインを頼まれるようになった。条件は、デザイン料はタダ、公演後の打ち上げ御招待という願ってもないもの。初仕事、一九八四年の第23回公演『すすめられた座布団』（本多劇場）の千秋楽打ち上げは、劇団創立メンバーの一人でこの公演の作・演出でもある高田純次さんが「本公演より張り切って準備した（本人談）」寸劇を披露して、やんやの喝采を浴びた。

以来、芝居を見ては打ち上げに顔を出す、が続き、会場は決まって〝下北沢一安い〟居酒屋「ふるさと」の二階だった。御招待とはいえ劇団が貧乏なのは知っている。わずかばかりの御祝儀と一升瓶を提げて参加する席はおもしろく、酌に来た若手に芝居の感想を言うが、彼らは儀礼的な「おもしろかったよ」ではない本音「本当はどうでしたか？」を聞きたがり、酔わないうちに真剣に感想を整理しておくのは、その後芝居を見るときの習慣になった。会

社に勤めながらも、仕事と何も関係ない、こういうことをしているのは自分の救いになった。

これが本来の自分と思いたかったのかもしれない。

南口の階段を下りると、さあわが町に戻って来たという気持ちになる。日比谷の大劇場の商業演劇、新宿のホール公演の新劇に比べ、小劇場中心の下北沢は、俳優出身の本多一夫が自らの名を冠して演劇専門の民間劇場を建てたことでもわかる、最も "演劇バカ" 度が高いところで、今舞台にいた役者がしばらく後に居酒屋で飲んでいるのが普通。私は大いに気に入り、「わが町」がそうなったことがとてもうれしかった。芝居だけでなく、ただ単純に酒を飲みに来る、なじみのバーもできる、古レコードを買う。下北沢はしばらく行かないとそれを理由に行く町になった。昔の自分に帰るためにそこに行く。

今、下北沢駅は小田急線地下化で大変貌中だ。北口、南口をまたぐ二階高架の改札は必要なくなり、そのまますっと階段なしで南口に出てしまうのはもの足りないが、出たすぐそこが人のあふれる商店街なのは変わらない。個性的な洋服屋、古着、雑貨、靴、ゲーム、CD、カラオケ、パチンコ、そして居酒屋、カフェ、焼肉、バーなどあらゆる種類の飲食店が密集するが、新宿歌舞伎町のような治安の悪さや風俗のにおいはまったくなく、からりとした若さが特徴だ。どこから聞きつけたのか欧米人旅行者らしき人たちがとても多い。若い世代の

カウンターカルチャーを敏感に感じとるのは世界共通なのだろう。

ここに居をかまえた最初の日に鍋を買った「澤田屋」は今も健在で、同じものを売っているのがうれしい。その先の角、いか天そばをよく食べたそば屋はずいぶん前に「ミスタードーナツ」になった。

下りきった六差路の庚申堂はそのままに、誰の手になるのか千羽鶴が飾られている。南口は三差路、五差路が多く、複雑に迷路化して車を入れなくし、常時歩行者天国状態が町に人くさい活気を生む。その数メートル先の銭湯だったところは「餃子の王将」。向かいの八百屋、酒屋は趣味的な衣料品やブックカフェに変わり、向かい角の花屋はそのまま。世田谷代沢郵便局前の、大家さんだった化粧品店は「Ｌｉｖｅ　Ｂａｒ　４４０」、地下にできたライブハウス「ＣＬＵＢ２５１」には、これでもかとビラが貼られる。わが家の専用路地は空調機置き場になっていたが、わずかに地面が残り、そこに咲く白い草花をしばらく眺めた。この場所で一八歳からの四年間を寝起きしたのだ。

表の茶沢通りは三軒茶屋に続く。信号「代沢三差路」は正確には五差路で、昔はこのあたりは何もなかったが、今は古家具、カフェ、モダン骨董、小体な居酒屋などがある。その先はあまり行ったことがない、すこし歩いてみよう。

代沢小学校の手前を左に入った静かな住宅街にある森巌寺は天を突く保存樹の大銀杏の若葉が滴るようだ。大銀杏の幹は、境内の淡島幼稚園の子供が囲むには一〇人は必要だろう。

〈昭和一二年四月三〇日之建　大東京和服裁縫教師會〉とある大きな石碑「針塚」は古来針供養の場所で、施灸とともに著名であったと解説がある。狛犬の銘は文化六年だ。門を入って左手の淡島堂の伽藍には、鎧姿で弓を手にしゃがむ若武者が鳥を見る絵額が上がる。幼稚園児が帰った後の境内で、若い女先生が一人、鯉のぼりの支度をしていた。

寺の山門前はここも三差路で、向かいは緑ゆたかな庭に枝折戸が迎える立派なそば屋だ。茶沢通りにあった高名な「小笹寿司」も一つ奥の通りで新しい店になっている。駅周辺の活気とはまるでちがう静かなこのあたりに住み、そういう店に顔を出す生活もあるか。

その先の北澤八幡宮では大勢の子供たちが走りまわっている。石段を上がった、松の絵を背にした能舞台の前の広い境内で男の子三人が拾った枝を空に放り投げて遊んでいる。「ちょっとかしてみな」と「一、二」と盛大にはずみをつけ、「三」と思い切り空高く投げ上げると、走って受けに行き「もう一回やって」とせがむ。

下北沢にこんな閑静な神社があるとは知らなかった。昔住んでいたころ、家から「さあゆくぞ」の気持ちで駅に行き、帰ってくるのは、何かに身構え、それを自分のものにしなけれ

ばと迫られる日々だった。今はもうそういうものはない。その気持ちが神社に落ち着きを感じるのだろう。若くてはわからなかったことだ。

光は西陽になってきた。ぼちぼちなじみの居酒屋に行こう。

茶沢通りのすぐ東に並行して、家並みの間を蛇行しながら続く遊歩道は元は用水路だったか、両側は今を盛りとつつじが満開、花水木も白や赤の花をつける。表の茶沢通り側ではなく、裏のこちら側を玄関にした小さな酒亭はよさそうで、こんど入ってみるか。

南口に戻り、かつての大マーケットがどうなったのか気になっていた北口にまわると、広大な更地になり、囲むフェンスに懐かしい昔の北口の写真と説明がある。〈下北沢駅　1927年（昭和2年）、小田急線開通と同時に開業。路地が複雑に入り組む街で、上には京王井の頭線（かつての帝都線）、下には小田急線の線路が斜めに交差していました〉。

すべて撤去されたかに見えたマーケットだが端の数軒は健在だった。〈AMERICAYA SINCE1953〉と看板を掲げる「下北沢アメリカ屋」、「川魚貝類専門店ナガヌマ」、八百屋、角の乾物屋も昔のままだ。大きな鮮魚店だったところは全面オープンカウンターの焼鳥居酒屋で、ここに半身に座って表を見ながらのコップ酒はうまいだろうな。

南口に戻った角に劇場の公演ポスターがならべて貼ってある。本多劇場は風間杜夫のコメ

ディ『バカのカベ〜フランス風〜』（加藤健一事務所）、ザ・スズナリは楽園追放風絵柄の『夜が明けたとしても…』（劇団離風霊船）、OFF・OFFシアターは漫画タッチの『俺達なりの、旅。』（グラウンド02）、駅前劇場『モナークス、王を縛る』のコピーは〈電動夏子安置システムの最新作にして、滑稽極まりない君主論〉、「劇」小劇場の『さらば愛しき楽屋よ』（劇団S・W・A・T！）はハードボイルド風の主人公が楽屋であぐらをかいて煙草に火をつける劇画ポスターが傑作だ。

どれも皆おもしろそうだ。私は気づいた。これを見にまた下北沢に帰って来よう。若い日の懊悩はもうなくなった。下北沢は若い人の町だが、若い心をもつ中高年の町でもある。町の中には赤いスタジアムジャンパーや細身のジーパンが似合う初老が元気に歩いている。

さて、そろそろ一杯だ。

北口の「両花」は、何年も通っている大人がゆっくりできる居酒屋だ。

それまでは何もなかった舞台に数時間後は大きなものが生まれている演劇は、見終えてもすぐ現実に戻れず、感銘を吐き出す場所が必要だ。私はよく一緒に行く演劇雑誌の編集長と、見終えた後ここでその舞台の総括を行うのが慣例となった。

「こんにちは」

「いらっしゃい」

最近〈下北沢ビール〉という地ビールができて、これがなかなかうまい。ラベルの踏切信号の絵は、少し前になくなった、下北沢を南北に分けていた小田急線の「開かずの踏切」をイメージしたのだろう。カンカンと鳴る信号を聞きながらぼおっと立っている時間は「無の時間」として案外良かったような気がする。時々立ち止まることは必要だと。

「下北沢周辺の、二十いくつかの店にしか置いてないんですよ」

「日本一少ない地ビールだな」

頭を剃りあげた主人はTシャツの胸板が厚い。今六〇歳というが現役のサーファーで、年中湘南や千葉に乗りにゆく。日本のサーファーは加山雄三さんあたりが第一世代、僕らはそれに次ぐ第二世代と言っていた。いつか下北沢の良さを尋ねるとしばらく考え、「人と出会う町」と答えたのは、我が意を得た気持ちがした。

「焼油揚げね」

「はい、角野流」

ずいぶん昔ここのカウンター隅で、観劇を終えて一人飲んでいる俳優・角野卓造さんを見かけて挨拶してから懇意となった。角野さんは〈焼あぶらげ〉を好み、添えられた白髪葱を

別皿にとって醤油をかけまわしてしばらく置くと粘りが出てくる。それを乗せて食べるのが角野流で、私も真似をするようになった。ここでは柄本明さんや佐藤B作さん、菅原大吉さんなど、下北沢派の役者たちと何度も飲んだ。平田満さんが来て合流したこともある。そういうことがとても楽しい。

一八歳で上京して最初に一人で住んだ下北沢は、私のその後の生き方の基礎になった。好きなものに興味をもち、その方面の人と知り合ってゆく。それがおきる町のよさは今も変わらない。私の人生生年齢はもはや晩秋だが、この町に来れば「春」がある。

「私は下北沢のあの家に帰りたい」

下北沢を出た二八年後に書いた文の結語は、その一八年後の今、また使える結びになった。

夏・佃

東京で最も好きな風景は隅田川の鉄橋だ。

大正一二年の関東大震災後の帝都復興事業として、下流から相生・永代・清洲・蔵前・駒形・言問の六橋が架かり、さらに東京市により両国・厩・吾妻、次いで白髭・千住大橋、最後に最河口の勝鬨橋をもって隅田川十二橋が完成した。

「強くて美しい」をモットーに異なるデザインを採用しながら、他の橋との調和を考えた隅田川橋梁群景観をつくり、二〇〇七年に勝鬨・清洲・永代の三橋は国の重要文化財に指定された。かつて勝鬨橋をキング、清洲橋をクイーン、永代橋をジャックに喩えた文を書いた。

信州の山奥に育った私に、川は瀬音を立てる浅い急流のことで、一〇〇メートル以上もある川幅いっぱいに満々と水をたたえて汽船が往来する大河を見たことはもちろんなく、ましてそこにかかる壮大な鉄橋も。上京してその橋の真ん中に立ち、川でまっ二つに分かれてど

163　夏・佃

こまでも茫漠と広がる風景に、東京の広さとわが身の孤独を感じたのだった。

夏のある日、勝鬨橋を渡って佃方面に行ってみよう。

昭和九年、東京市は昭和一五年の紀元二六〇〇年に合わせた万博と東京オリンピックの誘致に成功。そのための「海の玄関」として勝鬨橋が計画された。しかし国内外の戦争への予感から開催は返上され幻に終わる。関東大震災の帝都復興事業の総決算でもある勝鬨橋は、七年の歳月をかけ、オリンピック開催予定の昭和一五年に完成した。

橋は中央部がハの字に開き上がる跳開橋で、その開閉は一九七〇年が最後だった。千葉泰樹監督の映画『東京の恋人』（一九五二年）は、月島あたりに住む原節子が勝鬨橋を渡って銀座並木通りで似顔絵描きを始め、三船敏郎の紳士もからむ偽ダイヤ事件にまきこまれる風俗映画で、勝鬨橋の開閉が映っていた。川島雄三監督の名作『洲崎パラダイス　赤信号』（一九五六年）の冒頭とラストは、気の弱い三橋達也と勝ち気な新珠三千代が別れる別れないの腐れ縁を勝鬨橋で演じていた。

銀座側たもとの「かちどき　橋の資料館」に入り、橋脚内見学ツアーの児童とお母さんのグループがヘルメットとハーネスの重装備で説明ビデオを見ている後ろに私も座った。

勝鬨橋は全長二四六メートル。中央可動部は四四メートルで、各二二メートルの橋床が

七〇秒で「ハ」の字七〇度に開く。可動橋の多いアメリカの協力も断りすべて日本人の手で設計施工、戦後のアメリカ進駐軍はこれが日本人だけの手で造られたことを信じなかったという。

お母さん方はそうでもないようだが、児童の興味は跳ね上げの仕組みだ。可動する橋床の端の重し（カウンターウェイト）につけた歯車を主動歯車がゆっくり回すと、橋床がしずしずと上がってゆく。橋床重量とカウンターウェイトは軸を挟んでバランスがとれ、案外軽い力で動く「テコの原理」だそうだ。主動歯車は電動モーターで回り、交流を直流に変える発電機が備えられている。橋床が開いた間を巨大な帆船がしずしずと通過する完成当時の記録映像が優雅だ。

資料館を出て外の橋たもとに立つと、高さ四メートル余りの末端から空へ延びてゆく大アーチがダイナミックだ。離れて見ると歩く人がとても小さく、巨大さが際立つ。鉄板に打ち込まれた無数の鋲打ちは職人の手仕事を感じさせ、銀色塗装がまぶしい。真ん中あたりは橋の揺れを感じる。そのはずでそこはつながっておらず、両側から鉄板がぎざぎざに噛み合うわずかな隙間から水面が見えて高さがわかり、見るとなお揺れを感じるようだ。両側歩道の石の高欄はえんえんと長く、橋脚の運転室のところでゆるやかに外にカーブしてふくらむ。

165　夏・佃

そこに立ち、河口を眺めた。右の築地市場はまもなく移転の予定ときく。東京湾を望む広い風景は気持ちを開放させ、やはりここは東京で一番よい場所だ。いつだったか夏の俳句会で力士が隅田川を渡ってゆく光景を考え、本来なら両国橋だが勝鬨橋のほうがゲンがいいかなと迷ったことがあった。夕方、銀座から勝鬨橋を経て月島、佃の居酒屋に入り、また歩いて夜の勝鬨橋で暗い川面をしばし見てから、ネオン明るい銀座のバーに戻るのは、東京で最もよい夜のコースとなった。

かつて月島側の橋たもとに木造二階家の居酒屋「ヤマニ食堂」があった。仕事を終えた銀座から橋を渡って時々飲みに来る広い店内は二階座敷まで品書きビラが埋め尽くし、隣の築地の魚貝は保証付きで〈青柳つけ焼〉というものがうまく、冬は鍋がよく出て酒飲みでにぎわっていた。一九九六年、近隣を統合したビルに居酒屋「やまに」として新しくなり、訪ねると、主人は「あの店の方がよかったと言う人がいますよ」と苦笑し、きれいになった店に抵抗するように、やはりビラが壁を埋め尽くしているのがうれしかった。

そこから左に折れると月島川にかかる小橋、西仲橋だ。右隣の月島橋との間は小舟の船だまりで、ときおり魚がぽちゃりと一尺も跳ねとび水面に輪をひろげ、やがて静まる。左手の船だまりではヘルメットに全身防水服の男が肩まで川に入り、舟に乗るための渡し板を支え

るパイプを水中に立てる作業中。その先は隅田川の月島川水門だ。こういう水辺の風景は私には珍しい。

＊

信州から上京して下北沢、学芸大学、千駄ヶ谷などを転々。六本木に住むようになったときは上京から一五年ほどが過ぎていた。東京の生活にも慣れ、地理もおよそ見当がついたかなと感じるようになったそのころ、ある用で月島に行くことになった。銀座の会社で宣伝デザインという仕事柄、足が向くのは銀座ばかりで東は知らず、当時は地下鉄もなく行き方のわからないまま歩いてしまえと銀座から勝鬨橋を渡った。そのときの大鉄橋と広い川は初めて見る東京だった。

渡った月島は、木造二階長屋が狭い路地をはさんで何棟も続き、二階物干し台の竹竿には洗濯物がひるがえり、空地ではランニングにパンツ一丁の子供が三角ベースで遊ぶ。川ひとつはさんだだけの銀座のすぐ隣に戦後と変わらないままの風景があることに驚いた。

今はもんじゃ焼屋ばかりになってしまったが、佃島に向かう西仲通りは、八百屋、魚屋、

肉屋、総菜、レバーフライ、酒、薬局、本屋、クリーニング、銭湯「月島温泉」もある商店街で、その中ほど「酒」と大書した紺暖簾の大衆酒場「岸田屋」に入った体験が、後に居酒屋本をいくつも書くきっかけになったという話はあちこちに書いた。

そのころはまだ先代の岸田さんが店に立ち、ここは大正時代のお汁粉屋が始まりで、戦中に当局要請の国民酒場になり、戦後そのまま居酒屋になった。当時の月島は石川島播磨重工の工員が多く、喧嘩沙汰の仲裁ができないと商売にならなく、酒の肴はシャコで殻が床にたまったと聞いた。先代は亡くなられたが、手伝っていた「月島のジャンヌ・ダーク」と呼ばれた美人の娘さんが続け、それもあってか、下町酒場ブームか、以前そちら方面に出かけた帰り、久しぶりに入ろうかと開店すぐに行くと満員のうえ二〇人近くが外に並び、あきらめたことがあった。

青山だの六本木だの、しゃらくさい所でしゃらくさい業界人とばかり飲んでいた私にこの大衆酒場は、時代の先端もいいが時代遅れのものにも良さがあると気づいた最初などと本に書いたが、それは要するに昔の東京の発見だった。以降、古い東京とそこの大衆居酒屋を求めて隅田川東の下町に足を向けるようになってゆく。『日和下駄』だ。実際、会社をやめて構えたデザイン事務所は、かつての荷風の麻布偏奇館から近かった。大兄とちがい浅草のき

れいな踊り子と縁がなかったのは残念ではあるけれど。

西仲通りは佃島・住吉神社の祭提灯が連なり、例大祭奉納者御芳名掛け台の支度をしている。台は町会別にいくつも立ち、多額から最後の千円まで平等に額と名が明記されるのがいい。住吉神社例祭・佃祭は毎年八月六日・七日に行われるが、三年一度の大祭は土日をふくむ四日間で今年はその年だ。その祭の始まる前を見にやってきた。

　　　　　＊

　祭には思うことがある。長野県の中学校教師をしていた父は県内の学校をいくつも転任し、家族も一緒で私も転校を余儀なくされた。子供のことだから時間さえたてばすぐ学校にも慣れたが、決定的な疎外感を感じたのは村祭だった。

　村祭は地元だけのもので氏子ではないわが家は関係なく、田舎では学校の先生は一応名士で何かの時は呼ばれるが、祭の寄り合いや神事には役割もないかわりに呼ばれることともなく、子供だけの行列行事や子供神輿も声はかからなかった。

　地元の子は、祭には県外に出ていた兄や姉も帰省し、小遣いももらい、子供浴衣に着替え

169　夏・佃

て露店に行き、夜も明るい神社をうろうろする夜遊びができた。私も行きたかった。みんなと子供行列にならびたかった。あるとき、どうしてもとねだって出かけ、ああいうものは不衛生と言う母にテコでも動かないと買ってもらった綿あめの味を忘れない。

もうよい年齢になってから地方を旅した夜たまたま小さな祭に出会い、神社参道に並ぶ露店を歩く親子や金魚すくいにしゃがみ込む子供につい顔がほころび、綿あめ屋に昔を思い出し、自分には根についた祭はないのだと淋しさをかみしめた。

東京に住んで四〇年も過ぎたころ、東京の祭はいつも新聞で見るばかりの、それこそ「後の祭」で実際に出かけたことはないと気づき、ある年思い立って、浅草三社祭、神田祭、深川八幡祭をたて続けに見て回った。その規模はまことに大きく、観光化もしていて驚いたが、所詮こちらは見物人でしかなかった。

私が感じ入ったのは佃祭だ。

佃のタワーマンションに仕事場を持った友人は東京の生まれではないが下町好きで、町内に知り合いをつくり、祭の夜には呼ばれるようになった。ある年の祭に彼に誘われ、初めて佃島に出かけた。

佃島は隅田川が東京湾河口手前で二つに分かれる三角州の北の一角で、天正一八（一五九〇

年、徳川家康が大坂佃島の漁夫三三人を連れて来て漁業を始めさせたのが名のおこりだ。佃島漁師は冬から春にかけて江戸前の白魚を独占的に漁獲し幕府に献上。また小魚を甘辛く炊き「佃煮」と呼ばれた。

訪ねた佃はどこから来るにも大きな川を渡らなければならず、それゆえ地域が明確で狭く、際限なく広い浅草や神田とちがい、田舎の村祭を思い出させた。押し合いへし合いの人出はなく、地元の古老や若いのが祭半纏に団扇であちこちにたまる。露天商もそれほど多くなく、小若半纏や金魚のような浴衣の子供が走り回っても見失わない。昼間からの祭酒は往来に置いた長机で、玄関先のござに車座で、戸をすべて外して通りから丸見えの座敷でと、思い思いだ。押すな押すなの大群衆に警官がピーピーと笛を吹き続け、神輿の担ぎ手が見栄まじりに興奮する叫喚とは違う、地元だけののどかな祭風景だった。

友人が待つお宅は染色、しみ抜き、洗張りなど着物のすべてを扱う三代続く悉皆屋で、間口二間から奥に深く、突き当たりの急段から二階にあがる典型的な下町木造商家だ。玄関からまちに続く細長い座敷は、酒や小鉢の長机に向かいあって座る客でぎっしり埋まり、出入りはその膝をまたがなければならない。主人に紹介されて手土産の缶ビールを渡し「先生そこそこ」と無理やり開けてくれた座は友人の隣ではなく、祭半纏や浴衣、鯉口にステテコの人

たちは誰も知らないが、主人の認めた客としての好意の目がうれしい。

そして団扇片手にいろんな話をした。祭の間はどこの家も無礼講で、通りがかる人がちょいとのぞいて上がり込み、「まあ一杯」と二、三〇分も座るとまた出て行く。若いのは若いの同士で玄関先や外の腰掛だ。祭の間、家の主人は朝から夜おそくまでこうして座り続けて相手をする。とはいえ「いや昼過ぎは二階でちょっと昼寝しますがね」と言うのがいい。祭の料理はどこの家も煮染めに赤飯と決まっており、酒は適当に祝儀が来る。加えてその家は町屋の煮込み屋から大鍋で運んだ煮込みを出していた。町内会の役員が「今年もどうもどうも」と挨拶に来る。悉皆屋は大量の祭手ぬぐいの用意が役目、当日が近づくと手ぬぐいで仕立てた威勢のよい鯉口が売れて忙しい。

これだ、これこそが祭だ。祭に来ても神輿や人群れを見て帰るだけでは外部の見物人。地元の知り合いの家に上がり込んで一杯やってこそ自分も参加した祭になる。私は非常に気分がよくなり、上京して数十年、初めて東京の人間になれた気持ちがしたのだった。

＊

以来、佃は時々足を運ぶ所となった。今日も少し歩こう。

夏の午後、閑散とした通りは車一台通らず、いったいにこのあたりは自動車は必要ないようで駐車場も見当たらない。戦災にも残った重厚な瓦屋根の関東出桁造り二階家が続く。間口二間ながら堂々たる一軒は七、八年前「江戸家」という居酒屋になり、漁師料理（なめろう）はちゃんと木の葉に型押ししてある。隣のイオニア式柱頭のエンタシス柱に優雅なカーブのバルコニーが美しい疑似洋館はなくなっていた。数少ない飲食店のうち白暖簾の「亀印うどん食堂」は変わらず、以前ここで食べたうどんは期待通り普通だった。

二階以上の外壁を銅板で葺いて鮮やかに緑青化した、いわゆる「看板建築」の商店は、関東大震災後の防火とモダンをかねそなえたものだが、銅板の貼り方に亀甲や麻の葉など江戸前が入るのが粋だ。「石油油脂雑貨　中島商会」は二階にバルコニー手すりを設け、三階は神殿風銅葺きのまさしく看板で屋上の物干し場を隠す。

民家の間の人ひとり通れるだけの路地あちこちに今も健在の手押しポンプ井戸は毎日の洗濯や漁具の海水を洗うのに使われ、まことに懐かしいが、一転見上げた先は超高層タワーマンションが林立し、広重が現代にいれば絶好の浮世絵に仕上げただろう。

家並みを抜けた通りに大きな銭湯「旭湯」がある。漁師町に銭湯はつきものので、佃は船だ

173　夏・佃

まりの橋たもとに「日の出湯」もある。夏の散歩の汗を流してゆくか。

大人（一二歳以上）四六〇円。番台には白肌着の男が一人。午後三時に老人客が多いけれど、寿司職人か、これから仕事らしい刈り上げ壮年の男もいる。天井高く広々した風呂場のペンキ絵は「瀬戸内海　2010・7・10」と絵師のサインがあり、上だけ見える女湯は富士だ。

さて……あちちちち。熱い、あっつい。これはとても入れないなと足だけ浸けてしばし呼吸を整え、ウゥウと肩まで沈めたが一分もたず脱兎の如く上がると首から下は真っ赤だ。ふうっとカラン前で休んでいると、真っ白な頭ながら筋骨残る老人がこともなげにざぶりと沈む。『ビジュアルブック水辺の生活誌／佃に渡しがあった』（岩波書店）に、佃祭にここぞと全身刺青勇み肌のふんどし一丁で往来を行く男の写真があったが、いま湯にいる古老の肩にも小さな桜花の刺青が見える。熱い湯に沈んだ桜は紅の色を濃くするかもしれない。

住吉神社境内は来週の祭に向け、とび職が庭木や社の手入れ中で掃き清められていた。解説板を読もう。

《住吉神社は江戸初期に、摂津国西成郡（大阪市）佃村の漁民が江戸に移住した後、正保三年（一六四六）に現在地に創建された佃島の鎮守です。当社は、創建以来、佃島の鎮護の

みならず、水運関係の人々から厚い信仰を受けてにぎわいました。水盤舎は明治二年

(一八六九)に再建、同四十四年に改築されました。欄間は明治二年再建時のものを使ったと推定されています。欄間の正面には石川島の灯台と佃の渡し、側面には帆をはった回船や網をうつ小舟、背面には磯の景色、また内側にも潮干狩など佃島の風景が彫られています〉

〈説明どおり欄間彫刻の渡し舟の艫の漕ぎ手の腰は深く入り、網をうつ一瞬前の手さばきに緊張が見える。梁の腕木の、逆巻く浪をくぐり泳ぐ鯉の透かし彫りがみごとだ。

その奥に玉垣に囲まれて巨大な石塚「鰹塚」も立つ。

〈鰹節問屋は江戸時代から、住吉大神を生業繁栄の守護神として奉賛してきました。神社建築では、棟木の上に鰹節に似た円柱状の飾り木「堅魚木」が横に並んでいます。(……)

東京鰹節類卸商業協同組合は鰹の御霊に感謝慰霊の意を込め、昭和二十八年五月「鰹塚」をここに建立しました。表面の揮毫は日展審査委員で組合員・鰹節問屋「中弥」店主でもある山崎節堂氏、裏面の碑文は慶應義塾大学名誉教授・池田彌三郎氏によるものです〉

鰹節問屋の書道家、べらんめえの江戸っ子を自任した教授は適役だったといえよう。正面拝殿の緑青屋根には確かに七本の堅魚木が均等に並び、両端は千木、その背景は高層タワー

175　夏・佃

マンション群だ。

ぱんぱん。　柏手は来週の大祭の成功と東北復興祈願。　前回は東日本大震災の年で自粛され

一年後に行われた。　今年はそれから三年だ。

脇の神輿蔵では関係者らしき人が八角神輿を点検中で「まあ壊れたら、壊れたときさ」の

声が聞こえる。　今年は住吉神社鎮座三七〇年、家康公薨去四〇〇年の節目にもあたり、天保

九（一八三八）年、芝大門・万屋利兵衛制作以来一七〇年以上使われてきた古い一基に家康

公御霊を奉遷して再び担ぎ出し、二〇一一年、八丁堀・秋山三五郎制作で新調した一基と併

せて二基で巡幸する。　また一九六二年まで続いていた海中渡御も復活する。　両神輿は内部も

漆で密閉され海中渡御に備えてあるそうだ。

船だまりの小さな朱塗り太鼓橋「佃小橋」脇には、祭の幟柱を支え立てる「抱木」が組み

上がっていた。　身の丈よりはるかに高い、古老の深いしわのような年季が入る大角柱三本の

根元を地中に埋め、横桟を門に通して締める。　金物は一切使われていない。　脇には長さ一〇

メートルほどの丸い幟柱も麻袋に縄巻きされて横たわる。　六ヵ所に立つ大幟は寛政一〇

（一七九八）年に幕府の許可を得て以来の伝統で、帆立てや結びの漁師技術が生きるという。

大幟柱建ては明朝八時だ。　幟柱と抱木は普段は船だまりの泥に沈めて保管され、祭前の干潮

時に佃住吉講総出で取りだし泥を洗う。　祭が終わるとまた泥深く埋設する。　これが老朽化しない方法なのだそうだ。

橋たもとの祭囃子の葦簀小屋も、神輿や獅子頭を安置する小屋も立ち、関係者が一服している。「仕立船・乗合船・屋形船　佃折本」隣に、ひときわ大きく「壱部世話人大若衆詰所」の札がある。　子供神輿の安置所は千鳥屋根のかぶる板戸組み立て式の本格で、上の風通しからのぞくとすでに小ぶりの神輿が安置されている。

私は佃に祭の前の昂揚を予想したが、のんびりと準備を楽しんでいるようだった。

＊

およそ一週間後に訪ねると一変していた。　各家には祭提灯が並び、白い四手（紙垂）のさがる注連縄が軒をつなぐ。　一文字の天地が二メートルもあろうかという格調ある古典文字の「住吉神社」大幟は空高くはためき、船だまりの葦簀小屋には深紅の獅子頭が青い榊を扇の要にいくつも並んでお神酒が列を成す。　神輿安置所両側の椅子は不寝番が朝まで座る所だ。

佃小橋たもとで始まった佃囃子は、太鼓にあしらう千鳥笛を波音に見立てて佃情緒をあらわ

177　夏・佃

すそうだ。

界隈は祭半纏にふんどしの若いの、きりりとまとめた髪に細巻手ぬぐい鉢巻が威勢よい女衆、浴衣に白足袋の長老、鉢巻に赤い鯉口、黒い腹掛の完全祭支度の子供が可愛い。露天商は佃小橋にも並び、路上は堂々とシートを広げ、座り込んで祭酒だ。

缶ビールを提げて訪ねたいつものお宅はすでに面子がそろっていた。「そんなんじゃだめ、これ着な」と友人が渡す佃島の字を散らした鯉口に着替えると気分も高まる。キューッとあおるビール、赤飯がうまい。

猛暑も少し陽が傾むき、間口いっぱいのガラス戸から、往来を行くへとへとになったずぶ濡れの祭姿の男女を「お、いい女だ」「どれどれ」と見ているのはいいものだ。そこに新佃の町内神輿が練り込んできて、のんびり構えていた七〇歳過ぎの主人は「おい、担ぐぞ！」とそのまま裸足で飛び出し、奥さんが半纏を手に追い、私も走り出た。わっしょいわっしょい、祭は盛大な水掛けがつきもの。「一分間は担げなかったな、ああ満足だ」と戻った主人は二階に上がり、弁慶格子鯉口に着替えて下りてまた座った。

神輿にぞろぞろついてゆくのではない。神輿は向こうからやってきて家の前を通るもの。そこにすかさず飛び込んで肩を入れる。そしてさっと着替えてまた祭酒。これが祭だ。私は

なによりうれしい言葉だった。

「太田さん、三年後も来てくださいよ」

非常に気分がよい。

秋・神保町

中高年男の町、神保町。

古書店巡り、昔ながらの喫茶店、中華・カレー・洋食など安心できる食堂、服も気軽なジャンパーに肩掛けカバンでいい。

銀座はこうはゆかない。身なりもそれなりに、ちょっと店をのぞくのも覚悟が必要。銀座に本屋は少なく、あるのは高級ブランド店ばかり。食事するにも緊張感がある。

神保町を歩く女性をあまり見ない。古書店の客は男ばかりだ。女はいろんな店のしゃれた料理を食べ歩くが、男は目立たぬ店でいつも同じものにする。逆に女性は銀座が好きだ。女はショーウインドウの服に目を向けるが男は興味がない。

新宿の盛り場をぶらぶらしても始まらないし、渋谷はわけのわからない若いのばかり。浅草は観光客扱いされる。結局ひまな中高年男は、多少の知的好奇心を満足させ、確実なもの

秋・神保町

が食べられて金のかからない神保町だ。私もまったく同じだ。還暦を過ぎてから神保町はわが町になってきた。

＊

深まりゆく秋の神保町。地下鉄出口〈A7＝三省堂書店・書泉グランデ・書店街・神保町一〇一ビル・スポーツ用品店街・駿河台日本大学病院・神田神保町一丁目・神田小川町三丁目・神田すずらん通り〉の階段も最近は息が切れるようになってきた。上がって左に戻るかたちの小路に巨大なモミの木と大きなトーテムポールのある丸太小屋風の喫茶「さぼうる」は昭和三〇年開店。隣は寿司「六法」。その隣は通りに面してレコードを並べたジャズ喫茶「BIGBOY」。

より奥の小路の赤煉瓦が重厚な喫茶「ラドリオ」は一九四九年開店。店名はスペイン語の「煉瓦」、日本で初めてウインナーコーヒーを出したとか。看板に〈コーヒーと世界のビールとタンゴコレクション〉とある「ミロンガ」は一九五三年開店。どの喫茶店も自分と同じくらいの歳だ。

もとの小路へ戻ると「お食事処ふらいぱん」、隣は大盛りで有名な中華「徳萬殿」だが〈お客様の励ましとお力添えがあったればこその六十年間でした（……）〉の閉店貼紙がある。

その隣「芝本和本製本」は出版の町らしい。「元　鶴谷洋服店」とある二階建てビルは上部の装飾が古い。神保町には戦前のものらしい小ビルがまだ少しあって建築好きは見逃さない。

そこから右に折れた左右がすずらん通りだ。明治三九年創業「揚子江菜館」の〈五目焼きそば〉はおいしく、神保町交差点「新世界菜館」の〈五目そば〉といつも迷う。いま肩に掛けているカバンは左に行った「大野カバン店」で買ったものだ。向かいは額縁の「清泉堂」。

このごろ古書店で明治の浮世絵の複製をよく買うようになり、ここの「桜三角四つ切」という額縁が愛用だ。　裏通りにあった小さな居酒屋「人魚の嘆き」は、バイトの女子大生がマスコミや出版社に就職することで知られていた。近くの毎日新聞社に内定した娘が、客で来ていた同新聞論説委員と何やら話している楽しい場面を見たことがある。彼女は神戸支局に決まったと言っていたが、どうしているだろうか。

すずらん通りの真ん中は、通りに向けて新刊をずらりと並べた「東京堂書店」だ。新刊を見ることは、時々の文化動向を知ること。ただし見るだけ。

私の蔵書はついに置き場がなくなり、数ヵ月前古書店を呼んで一部を処分した。本は関心

183　秋・神保町

の集積、精神の遍歴史でもあるなどと気取っても始まらない。老い先も短い、本を買うのは
もう止めようと決めたのだった。よって見るだけ。新刊平台コーナー、通称「軍艦」へ。

『聴くこと』の革命〜ベートーヴェン時代の耳は「交響曲」をどう聴いたか』（マーク・
エヴァン・ボンズ／近藤譲・井上登喜子訳）は視点がおもしろそうだ。『リー・コニッツ〜
ジャズ・インプロヴァイザーの軌跡』（アンディ・ハミルトン／小田中裕次訳）は五〇〇ペ
ージ余の大著。リー・コニッツは哀愁味のあるアルトサックスの名手でこの人の研究書が出
たんだ。『証言で綴る日本のジャズ』（小川隆夫）の帯文句〈国破れて音楽あり。ジャズに魅
せられた若者たちは戦後日本をかけぬけた……日本のジャズ・シーンを切り拓いた27人の証
言集〉が魅力的だ。これも五四四ページと厚い。

映画本はつねに気になる。『岡本喜八の全映画』（小林淳）は基礎文献になりそうだな。
『黒澤明と三船敏郎』（スチュアート・ガルブレイス四世／櫻井英里子訳）は、最近外国人に
よる日本映画研究本が増えてきて巻頭口絵写真に珍しいものもあるが、これもまた七五〇ペ
ージとずっしり厚い。『捜索者〜西部劇の金字塔とアメリカ神話の創生』（グレン・フランク
ル／高見浩訳）。一本の作品で一冊書いてしまうのも映画研究の新傾向だが五〇〇ページ余
の三二〇〇円。やはり研究書は高いな。

うーむうーむ。結局『伊丹万作とその系譜〜異才たちの日本映画史』（吉村英夫）と『映画のなかの御茶ノ水』（中村実男）を買ってしまった。伊丹万作の洗練された諧謔と知性を誰が継いだかは知りたいし、かねがね戦後映画に出てくるお茶の水のショットが気になっていたが、やはり研究者が現れたのだ。帯文句〈原節子も、高峰秀子も、この坂を上った〉もぐんと後押しした。ああ、また本を買ってしまった。

書店に入るのは、ちょっといじましいが自分の本を見る楽しみもある。といっても新刊などあまりない私ゆえ文庫の棚だ。作家別にあいうえお、お、あるある。『ニッポンぶらり旅　宇和島の鯛めしは生卵入りだった』他、シリーズ三冊の集英社文庫。

格調ないタイトルの文庫を出していただけるとなったとき、同一作家の文庫背は同じ色にするので見本から選んでくださいと言われ、目立つ方がいいかなと派手なオレンジ色にした。今書棚で見ると浅田次郎、津本陽、北方謙三の諸先生は落ち着いたグレー。宮本輝、東野圭吾両氏は柔らかな黄緑、林真理子氏は紫。堀田善衞、逢坂剛両氏の薄茶色は大人っぽく、椎名誠、森まゆみ両氏の空色は合うような気がする。

諸大家のを指をくわえる気持ちで眺め、いささかうなだれて奥に行くと「江戸東京　食・酒を読む！」という企画棚ができており、おお、おいらの本が何冊も並んでいるではないか

か！　しかもそのうち二冊は〝面陳〟つまり表紙を見せて棚に置いてくれている。やれうれし

や、しばらく満悦して眺め、満足してそこを後にした。東京堂さん、ありがとうございます。

＊

足を向けているのはその先の映画館「神保町シアター」だ。

神保町は戦前からのモダン建築「東洋キネマ」など映画館の町でもあったが途絶えていた。

一九六八年、神保町交差点に「岩波ホール」が開館。二〇〇七年、すずらん通り近くに「神

保町シアター」が開館して映画館の町が復活。それぞれ岩波書店、小学館と地元出版社によ

るのが神保町らしく、岩波ホールは新作、神保町シアターは旧作と色分けされた。

今や旧作日本映画をフィルム上映する名画座はたいへん盛んになり、ファンは上映を追い

かけるのに嬉しい悲鳴状態だが、その先鞭が神保町シアターと言えよう。昔の名画座は定評

名作ばかりだったが映画ファンはとうにそれを卒業し、各館が知恵を絞るのが、一カ月単位

で組む特集編成だ。神保町シアターはご当地らしく原作のある文芸映画が主流で、プログラ

ムのキャスト表には監督と同等に原作者の名が大きい。特集〈日本映画★近代文学全集～鷗

外、漱石、一葉、藤村、鏡花、荷風、谷崎。映画で見る日本近代文学〉〈日本映画　女流文学全集～女流作家×女優─妖艶なる女たちの映画〉〈神保町、御茶ノ水、九段下～〝本の街〟ぶらり映画日和〉〈文豪と映画～川端康成「恋ごころ」の情景〉あたりは本領だ。

小津や成瀬などの監督特集はもちろん、女優に力を入れ〈女優・高峰秀子「映画の女神」昭和の映画に刻まれた、その美しき時代の貌〉〈追悼企画　女優・山田五十鈴アンコール～映画史上に燦然と輝く、麗しき女優魂〉のコピーにこもる敬意にこちらも感動だ。

〈伝説の女優　桑野通子と桑野みゆき～母と娘が紡いだ、一瞬の夢〉も好企画。〈麗しき美少女伝説～憧れの君よ、永遠なれ。〉の表紙は『ノンちゃん雲に乗る』の鰐淵晴子だからたまらない。〈可憐な娘たち　守ってあげたい～芦川いづみ　胸がときめく～司葉子〉のコピーのうまさ。〈いろはにほへと　ちりぬるをんな─春よ！映画よ！女たちの饗宴　そこは天国、はたまた地獄　覗いてみよう、女ばかりの秘密の世界〉も力作だ。

一方男優は〈目力対決～田宮二郎と天知茂〉〝目力対決〟再び‼〉は成田三樹夫が加わる目力三人男で映画通をうならす。さらに鰐淵晴子・倍賞千恵子・水谷良重の網タイツ三人娘が踊る表紙『踊りたい夜』もちろん見ました、傑作）の〈ニッポンミュージカル時代〉、〈川口家の人々　父・川口松太郎＝母・三益愛子＝息子・川口浩＝その嫁・野添ひとみ～日

本映画史上に名を残す、華麗なる映画人家族〉も着眼だった。

映画ファンの夢は映画を一本撮ることではない。自分で上映番組を組むことだ。私にもその夢がかなう時が来た。二〇〇九年、小著『シネマ大吟醸〜魅惑のニッポン古典映画たち』（小学館文庫）の発刊に合わせ「好きな作品を二八本、一カ月上映」というもの。

作品はすべて何度も見て推奨に値するものの中から、できるだけ隠れたる名作をと思うが映画館は商売、マニアックすぎて客に敬遠されても困る。その案配の悩ましさ。さらにフィルム貸し出し条件との勘案や、他館で最近上映された作品は避けるなど「これが興行の難しさですな」と訳知り顔するウレしさ。ようやく全作品が決まり特集タイトルを〈昭和の原風景〉と決定。ちらしに入れる全作品の解説書きがまた嬉しくも難問で、内容と魅力を全六六字内におさめる作業は普段の文章仕事の何十倍も推敲した。

一例『絹代の初恋』〈下町のせんべい屋の娘・田中絹代は妻を亡くした父と妹の母代わり。妹にきた好縁談の相手は、絹代が初めて恋心を抱いた人だった〉。もう一つ『恋化粧』〈隅田川を上下するポンポン船の池部良は、彼に気のある越路吹雪と初恋の岡田茉莉子の間でやきもきさせる、いつものオイシイ役〉。

最後は特集全体の解説だ。

〈風景、社会、人々など、失われた時代を追体験するのに映画ほどふさわしいものはありません。そこには私たちの育った世界がそのまま残り、懐かしい人々が母や父のように語りかけ、走り回る子供たちにかつての自分を見いだします。それは自分の大切にしてきたものを再確認すること、自分の人生を肯定することです〉

上映が始まれば客の入りが気になる。劇場の定員は九九席。毎日のように「今日の入りは？」と電話、一人でも稼ごうと自分も足を運んだり、本業をなげうった一ヵ月だったが、おかげさまで〈作品選択と解説文もよく、と言いたいけれど〉好調でしたと館から言われた。

さらに翌年、酒場映画でできないかと持ちかけられ〈映画と酒場で男と女〜こんな酒場で一杯飲みたい！〉と題して特集。調子に乗って舞台挨拶までした。目玉にした『東京おにぎり娘』は四回上映のすべてが満席となり、プログラムピクチャーの若尾文子に注目したその後の特集〈みつめていたい！ 若尾文子〉もヒット。今や名画座人気ナンバーワンとなった若尾文子はこれがきっかけだったと言いたい（オホン）。

今日立ち寄ったのは映画を見に来たのではなく、上映中の〈松竹一二〇周年記念 百花繚乱〜昭和の映画女優たち〉のロビー装飾を見るためだ。日本建築家協会新人賞を受けた館のロビーまでは出入り自由で、特集に合わせたスタッフ手作りの装飾がいつも楽しい。今回は

秋・神保町

タイトルに合わせて数々の折り紙造花が、文字通り、女優に花を添えていた。

＊

「三省堂書店」の店内を抜けて靖国通りへ。いま神保町は「第五六回東京名物神田古本ま
つり」、「古文書講座」「講演　大活字本の歴史」「宮崎美子のすずらん本屋堂公開収録」「ち
よだ文学賞授賞式」などイベントも行われている。まさに読書の秋。

このあたりから西に続く古書店街は世界にも類がない規模だそうで、学者でなくてもうろ
うろする人が絶えないのは日本の文化水準の高さと思いたい。

「八木書店」の店頭にうずたかい函入り『古事類苑』（吉川弘文館）は、第一回配本「天
部・歳時部」から最終回配本「植物部二・金石部」まで、法律部、神祇部、兵事部、礼式部、
帝王部、外交部、遊戯部、飲食部、文学部、服飾部などなど。後に調べると〈わが国最大の
百科史料全書。歴史・文学・宗教をはじめ、広く日本文化研究に不可欠の基本図書〉とある。
こわごわ一冊を函から抜いて開いたが和典籍の連続でまったく歯が立たない。同じ出版社の
〈江戸時代学芸の宝庫　小説より奇なる事実の醍醐味〉とある『日本随筆大成』は函入りで

二四巻、さらに『続日本随筆大成』、また別巻へと膨大に続く。こういうものを本と言うのだろう。

〈稀覯本〉とある「玉英堂書店」に入ってみた。古書店の俗な楽しみは自分の蔵書がいま古書でいくらしているかだ。澁澤龍彦の処女小説、本文が緑色のインキで刷られている『犬狼都市』（一九六二年）は定価四五〇円が二七〇〇円、同『神聖受胎』（六五〇円→四三二〇円）。また中井英夫『黒鳥の囁き』（二三〇〇円→二七〇〇円）、『人形たちの夜』（一〇〇〇円→四三二〇円）、『悪夢の骨牌』（一三五〇円→七五六〇円）は高いが、著者のマジック署名入りだ。小栗虫太郎『人外魔境』（六八〇円→二七〇〇円）。大江健三郎『青年の汚名』（二六〇円→二一六〇円）、『孤独な青年の休暇』（三九〇円→五四〇〇円）は高い。

下世話はさておき。お、種村季弘コーナーがある。先生ご専門のドイツ文学はさっぱりだが洒脱なエッセイのファンだ。『人生居候日記』（筑摩書房）の帯文句〈男性最高の快楽は落魄である〉がいい。一九九四年刊・定価二三〇〇円にしては、この五四〇〇円は高いが、お、墨書署名入りだ。どうしよう。

すぐに買わず頭を冷やして（これが大切）、昭和前期コーナーへ。函入り大部にペタリと朱印を押したような装丁の『處女地帯』は昭和一三年・中央公論社刊、著者・正木不如丘の

名はどこかで見た気がする。それよりもこの本は一ページごとにペーパーナイフで切り開く「アンカット」。全編総ルビの本文は迫力だ。値段四三三〇円。さてどうしよう。

結局両方とも買ってしまった。また本が増える……。

家で調べて以下がわかった。　正木不如丘、本名・正木俊二。明治二〇年、長野県生まれ。

東京帝大医学部で恩賜銀時計を受ける。　仏国パスツール研究所留学。富士見高原療養所院長。

大正一四年、大衆文芸振興を目的に白井喬二を中心とした江戸川乱歩、小酒井不木、土師清二、国枝史郎、長谷川伸らの「二十一日会」同人となる──。

『處女地帯』最終節は映画の接写カット割りのようだった。

〈京太が杯をのみほして無言で出した。　徳恵美も無言でそれをうけた。　京太が手を徳利にのばす。　徳恵美が徳利を京太に渡した。　徳利の先が杯のふちで、カタカタと音を立てた。

二人の頰に二十年前の若い紅味が浮んで居た。（完）〉

　　　　　　＊

靖国通りの南側にのみ古書店が集中するのは、店頭ワゴン販売に西陽が当たらないためな

のだそうだ。

映画・シナリオ専門「矢口書店」は、どこに何があるか大体把握しているので今日はパスして、一つ左に入った「ササキレコード社」へ。

還暦になった年、誰も祝ってくれないので自分へのご褒美として、真空管アンプを中心にオーディオセットを一新し、若いころから爪に火を灯すように買い集めたレコードおよそ八〇〇枚を聴き直すことにした。以来中古レコード店巡りは常態となり、今や一二〇〇枚以上はあるだろう。

探すのは五〇年代の女性ジャズボーカル。有名盤はともかく、直感による美人のジャケ買いだが、当たる確率は五パーセント。つまり二〇枚に一枚は当たり、他ははずれ。しかし当たった一枚は生涯の愛聴盤となる。

ごひいきは、キーリー・スミス（所蔵一八枚）、ジョー・スタッフォード（一四枚）、ケイ・スター（一五枚）、ローズマリー・クルーニー（一二枚）はじめ、クリス・コナー、スー・レイニー、ジョニー・ソマーズ、ジューン・クリスティ、ビヴァリー・ケニー、ジェニー・スミス、リー・ワイリー、ジュリー・ロンドン、ジェリ・サザーン、ジェーン・モーガン、テディ・キング……と書き切れない、というかこのジャンルはCDを含め有名無名買い尽くした感もある。ササキレコード社に行くのも何か掘り出しものが出たかのチェックだ。

193　秋・神保町

中古盤の値上がりはすさまじく、昔一〇〇〇円くらいで買ったと記憶するペイジ・モートンのここにあるのは三五〇〇円だが、これは当たり盤だ。

ぱたぱたぱた。見るのも速く、あまり大したのはないが、ヘレン・オコーネル、アニタ・オデイに、エラ・フィッツジェラルドと男性コーラスグループ共演集という楽しいのを購入（結果は順に、良／はずれ／まあまあ）。もう一つの好みはブラジル音楽で、エリゼッチ・カルドーゾを二枚とワンドを一枚。総計九七二〇円。本日のお買い物、本四冊にレコード六枚はずっしり重い。

還暦を過ぎて趣味は定まった。そのすべてを満たしてくれるのが神保町だ。しかし神保町にはあと一つの重要な趣味がある、よい居酒屋がないのが難点だった。

噂に聞いていた「嘉門」は間口一間の小さな店で、集英社別館ビル裏の社員通用口前に残業社員を待つように開いていた。細長い木造店内はカウンターと大机一つ。二〇〇五年の開店というがもっと古びて見える。おまかせで幾品かが出るそうだ。

ふけゆく秋の夜の神保町。燗酒で待っていた最初の小皿は〈タコぶつ酢橘塩〉だ。こいつはいい。おなじみ井伏鱒二の詩「逸題」の一節と同じだ。

今宵は仲秋名月

初恋を偲ぶ夜

……

春さん蛸のぶつ切りをくれえ

それも塩でくれえ

隅の書棚は『魚味礼讃』（関谷文吉）、『日曜日の万年筆』（池波正太郎）、『美食文学大全』（編・篠田一士）、『謹訳 源氏物語』（林望）が全巻あるのは立派だ。酸いも甘いもかみわけた風情の主人は私と同じくらいの歳だろう。地方紙の記者から仙台で居酒屋を開業。晩年に向かい、東京で一人でやってみたくてここを開いたそうだ。

私が入ったとき読んでいた文庫本を尋ねるといささか照れ「ミステリーです、ピエール・ルメートルの『その女アレックス』。『悲しみのイレーヌ』『死のドレスを花婿に』と同じ刑事です」と表紙を見せた。

「ミステリーもいいな。『今日こんな本を買いましてね』と一冊を取り出すと、主人は「ほう」と眼鏡に手をのばした。

冬・千駄ヶ谷

寒い。東京の一月は一番寒いときだ。

地方から見物に来たらしい男女中高生で埋まる原宿竹下通りを無言で抜け、明治通りを渡り、斜め左の通りへ。このあたりの地理は隅々まで知っているが、時々入ったそば屋も焼鳥屋も八百屋も今は何もなく、立ち食いや怪奇趣味の服など、よくわからない小さなショップばかりが続く。それも終わった三差路に出ると懐かしい空気になった。この先の千駄ヶ谷に、二五歳から三七歳までおよそ一二年住んでいた。

原宿とちがい、今もここからは車も人通りも少なく、閑散とした通りを確かめるようにゆっくり歩いた。よく買った豆腐屋は閉まっているが隣の写真屋はまだある。二、三度入った鰻屋はなくなって小マンションになった。隣の小さな児童遊園地は昔のままで、老夫婦がベンチに座り孫を遊ばせている。広報板には「シニアクラブ会員手づくり作品展」「千駄ヶ谷

冬・千駄ヶ谷

地区見守りサポート員主催　杜の茶話会」「成年後見制度かんたん講座」などの告知がある。

原宿は若者の町だが、こちらはシニアの町になったか。

その先のよくコロッケを買っていた精肉店はあるが、隣の八百屋はカレー屋になった。さらに隣の小さな花屋は昔と変わらない。スター美容室は戦前らしい銅張り看板建築と初めて知った。バーやワインショップ、手作り革カバンなどの新しい店ができている。街灯に小さなショーウインドウをつけて仮面を置いた「奥原宿ストリートミュージアム」には、〈2020年東京オリンピック・パラリンピック開催に向けて、国立競技場の改修が進んでいきます。これから訪れる人々をお迎えするために、一緒に新しい街と「街の顔」をアートしてみました〉と説明がある。

抜けた広い通りは、一九六四年の東京オリンピックにあたり、外苑西通りと明治通りを直結するために通した全長五〇〇メートルほどの道路で、仙寿院墓地下に千駄ヶ谷トンネルを貫通し、夜そこを通ると幽霊が出ると噂された。私は勤めを終えた夜、いつも薄暗いそこを歩いて帰ったが出会ったことはない。

トンネルから千駄谷小学校へ上り坂になる右の木造二階建てアパート「千二荘」の二階二号室が私の住まいだった。アパート名は住所「千駄ヶ谷二丁目」によるのだろう。大学を出

て銀座資生堂に就職した私は千葉の独身寮に入り、半年後に東横線学芸大学に部屋を借り、銀座まで一本だったがそれでも遠く、一年ほどでここに越してきた。

三畳ほどの板の間台所の一部はトイレ、奥の畳四畳半が居間。風呂はなく近くの銭湯「梅の湯」に通い、夏などは台所の靴脱ぎ場で裸になり、流しの水道蛇口からとったホースで水を浴びた。水は外廊下に流れ出てどこかに消えた。外で酒を飲む金はなく、台所に〈タコぶつ〉〈おひたし〉〈厚揚げ焼〉と書いた短冊を貼って居酒屋気分を出したのは、後年そんなルポを書く萌芽（？）だったかもしれない。

二五歳。念願のデザイナーとなっていた私は燃えるような意欲にあふれていた。通勤で銀座の会社に着くまで三〇分かからない。休みの日も行った。当時は残業や休日出勤もうるさくなく、真夏は冷房のないアパートよりも居心地がよく、涼しい会社で昼寝した。すべての時間は会社にあった。

それでも休みの日曜は、夏は上半身裸の短パン一つで豆腐屋や八百屋に出かけ、自炊した。ピーマン肉詰めが得意料理で、それに豆腐一丁があれば満足だった。小さな冷蔵庫の牛乳は豊かな気分にさせた。

欅並木の原宿表参道にできた高級マンション「コープオリンピア」地下のダイナー「ダイ

199　冬・千駄ヶ谷

ネット・オリンピア」は、コーヒーもパンケーキもすべてマシンでつくるアメリカ流で、付け合わせのコールスローというものを知った。青山にできた日本最初の深夜営業のスーパーマーケット「ユアーズ」は、ハリウッドのように入口に映画スターや有名人の手形を並べ、夜おそく芸能人が外車で買物に来ると評判になり、アメリカの缶詰を買って家に飾った。その一つ、キャンベルスープ缶はポップアートの旗手アンディ・ウォーホルの絵で知っていた。表参道交差点の原宿セントラルアパートは当時気鋭のデザイナーやコピーライター、カメラマン、編集者たちが入り、下の喫茶店「レオン」はそういう人の打ち合わせによく使われ、やがて私も出入りするようになる。そのどこにも歩いて行けた。

一九六八年に入社した資生堂宣伝部は、高度経済成長の始まりに向けて展開したデザイン戦略が次々に成功し、日の出の勢いにあった。花の銀座の真ん中の会社で「これが君の机、製図用具、ゼットライト」と、デザイナー志望の貧乏学生とは雲泥の差の、ピカピカの新品を与えられたときの感激と身の引き締まりは鮮明に憶えている。

身の引き締まりとは「デザイナーとしてこれ以上の環境はない。これで芽が出なかったら後はない」という背水の覚悟だ。当時、サントリー、松下電器、資生堂は「宣伝御三家」と言われ、デザイナー志望学生のあこがれの的だった。私は並行してサントリーも受け大阪で

の最終社長面接（佐治敬三氏）まで進んだが、そちらは落ちた。ちなみに合格者はなかった
と聞いた。

当時の資生堂宣伝制作室はまるで学校のようで、即戦力など毛頭考えず、じっくりと「資
生堂のデザイナー」を育ててゆく風があり、自分たちの仕事を「作品」と呼び、「資生堂の
広告はすべて一級の美術品でなければならない」という制作室長の誇り高い姿勢に、さらに
身を引き締めた。また「資生堂のデザイナーは女を描けなければならない」とも繰りかえさ
れた。大学を出たばかりのウブな若造に「女を描け」と言われても困惑するばかりだが、い
つかは答えを出さなければならなかった。

入社して数年が過ぎ、そろそろ太田にも一本仕事をさせてみようというときが来た。貧乏
アパートから通いながら、そのための準備は重ねてきていた。

私は二六歳。フリーになったばかりの二五歳の新進カメラマンと組んで作ったシリーズ広
告第一作は、緑色の室内で裸でジャンプする筋肉隆々のボディビルダーを、白い服の美女が
見ているという暗喩的な写真で、「心理学者フロイトは美人の夢を知っていたか？」という
コピーがついた。苦心に苦心を重ねて完成した校正刷りは、「これが自分の出した答え」と
満足できるものだった。

しかしこの広告は宣伝部長段階でボツとなり、さらに「このデザイナーは危険だから担当からはずすように」となった。それをカメラマンに伝えに行く傷心の足は重く、聞いた彼は呆然としながらも黙り、やがて私の顔を見て「太田さん、またやればいいんだよ」と言った。

その言葉を今も忘れない。そういうことはある、クサったらそれまでだ。認めないなら認めさせるまでやればいいんだ。そう気づいた私は「危険で上等じゃないか、もっともっとやるぞ」と、いわば手負いの獣のごとく次々に挑戦的な仕事を重ね、もはやボツにもひるむことはなかった。燃えるような意欲のデザイナーの出発は手痛いものだったが、そのシリーズ広告は年度の大きなデザイン賞をとり、業界に私の名もすこしは知られてゆく。

＊

私の住む千二荘の窓から左上に見えるモルタル三階建てビルは人の住んでいる気配があり、せめてああいう所に住みたいなあと眺めていた。一階は会社だが、二、三階は住居として貸していると知り、不動産屋で値段もわかった。そちらには風呂がある。家賃は高いが住んでしまえば何とかなるだろうと、思い切ってそちらに引っ越した。何もない家財はすべて手運

びできた。

　入居した三階は、台所と居間はあまり変わらないが、なんといっても風呂がある。マッチ点火ガス釜焚きの水色のポリ浴槽が置いてあるだけだが、手前に木の簀子板を敷き、腰掛けを置くと立派な風呂場になった。これからは銭湯に間に合うよう早く帰ってこなくてもすむ。

　屋上の一部に小さな家を置いたようなそこは、広大なL字ベランダで囲まれて採光通風は文句なく大いに気に入った。階上独占だ。これを機に電話も引き、毎月頭は青山の不動産屋に行って家賃をおさめ、帳面に日付とハンコをもらった。

　あたりに高い建物はまだなく、一国一城の主になった、ここからだという気分が盛り上がった。間近に見える神宮球場はナイターの照明塔が煌々と明るく、時にホームランなのか歓声も聞こえる。八月の神宮外苑花火大会では夜空に大輪が開くと室内まで明るくなった。

　休みは隣の神宮外苑へ歩いた。大正一五年、明治天皇の遺徳を奉じて建てられた「聖徳記念絵画館」は、手前に大きな泉水を配した左右一一二メートルの古典対称形で荘重な威厳がある。何度も見に行くうち、ここで化粧品広告を撮影しようと思い立った。建物内撮影の許可を得て選んだのはむしろ地味な一角で、それは肝心なモデルが背景負けしてはいけないゆえだったが、歴史を重ねた建物のオーラはまちがいなく写った。以降、大きな古典建築に美

女を立たせるのは得意手法になってゆく。

絵画館正面の銀杏並木は、初夏の若葉から真夏の緑、秋は黄金色に光り、冬の落葉は地面に金色の絨毯となって銀杏を拾う人がいた。家から歩いた散歩はいつもロマンチックな気持ちをかき立てた。

青山通り入口の大きな石碑「明治神宮外苑之記」を読んだこともある。〈明治神宮奉賛会総裁元帥陸軍大将大勲位功二級閑院宮載仁親王篆額〉と始まる謹厳な碑文の柔和端正な楷書に心ひかれた。末尾には〈従六位勲六等林經明書〉とあった。

外苑一周ジョギングは長続きしなかったが、神宮外苑は自分の庭という気持ちは東京に住んでいる実感となった。

時はバブル景気の真っただ中。世は浮かれていた。酒を飲む場所も勤め先の銀座を離れ青山、六本木、西麻布などに移ってゆく。集まってくるのはデザイナー、コピーライター、カメラマン、広告プロデューサー、ファッションデザイナー、スタイリスト、モデル、CMディレクター、CM音楽家、広告代理店社員、トレンドクリエイターとか称する何をしているかわからない者、そういうところにうろうろしたい金持ち遊び人など。当時いちばん勢いのあったのはインテリアデザイナーで、彼らが手がけて次々にオープンするカフェバーやショ

ップのオープニングパーティが連日のように続き、店のロゴや案内状デザインなどもずいぶん頼まれた。

先駆けとなったのが、わが住まいから歩いて三分の神宮前にできた小さなバー「ラジオ」だ。設計した藝大を出たばかりのデザイナーは古くから知っており「オレのツケでいいから通え」とうれしいことを言ってくれた。カウンターに黒御影石を使った先鋭的なデザインはたちまち注目を集めて業界有名人のたまり場となり、横で飲んでいるのは刺激になった。そのマンション「ビラ・グロリア」は、ビラ・ビアンカ、ビラ・フレスカ、ビラ・ローザなど当時の高級マンショングループで、外階段を半地下に下りた全面ガラスの入口は、さあ今日は誰がいるだろうと期待させた。そこへ何十年ぶりに下りてみたが寿司屋になっていた。

業界の人間はみな一匹狼で、私の意識もそうなった。あちこちで連日連夜いろんな人と会った。サラリーマンの私は金はないが何とかなっていたのは誰かが経費で払っていたんだろう。

千駄ヶ谷の家は深夜明け方になろうと、どこからでも歩いて帰ることができた。

朝の通勤は地下鉄外苑前駅から乗る。あるとき、開いたドアに目を疑った。そこに立つのはまぎれもない私の初恋の女性、田舎の小学校で放課後一人残って音楽室のピアノを弾いていた美少女の大人になった姿だ。彼女もすぐ気づき「太田さん？」と声をかけた。お父さん

205　冬・千駄ヶ谷

は校医で、私が体育の時間に左腕を骨折した治療を彼女が物陰から見ているのがわかり、折れた骨を引いて接ぐとき「ちょっと痛いよ」と言われたが、男としてはと歯をくいしばったことがあった。

医大を出て今、虎の門病院に勤めているという。あわただしく数語をかわし、外苑前から四つめの虎ノ門で彼女は降りた。それから数度会った。六本木で食事をしたこともあった。

私は仕事に夢中で、気にかかりながらも目の前のことに追われた。

後に、彼女は医師と結婚して故郷の父の医院を継ぎ、毎日診療にあたっていると便りがあった。趣味でチェロを始め、患者がいない時間は練習する。置いた電話口に向かい数小節弾いてくれたことがあった。私は白衣でチェロを弾く姿を想像した。化粧品広告の仕事をしていると美人モデルは日常のことで、嫌みに言えば美人ズレする。しかし、彼女はまったくちがう美しさだった。

結婚相手を探す気持ちはないまま、ますます仕事に猛進し、四〇歳が見えてきたころ、千駄ヶ谷を離れた。

＊

それから三〇年あまりの間に、わが千二荘の面していた通りもすっかり変わった。入居当時の、塀で囲まれた大日本印刷の広大な空地はながくそのままだったがビルになり、一階は雑貨や家具の大きなショップ。向かい側の瀟洒な英国風屋敷数棟はやがてマンションになり、それも今は高層タワーマンションに建て替わり、一帯は原宿竹下通りの子供化をきらったハイセンスな通りになった。ここは車でよく通り、そのたびに住んでいた二軒を確認、元わが部屋の玄関まで見に行ったこともある。それも二年ほど前、今はどうなっているだろう。

千二荘はなくなっていた。というより、あんなオンボロ木造アパートがそれまであったのが不思議だ。今は通りに沿うしゃれたビルで一階はアイスクリームの店が入り、若い女性店員が「去年一〇月に開店、カリフォルニアが本店の日本一号店です」と言った。次に住んだ裏のビルは改装されて一階も住居になり「○○レジデンス」と表札もある。三階はベランダに居間を広げたようだ。毎朝あそこから出てゆき、帰って眠ったのだと感慨がわく。

私はなんだか吹っ切れた気持ちになった。通るたびに見ていたアパートが消えたのは、過去を確認するものがなくなったということだ。振りかえる気持ちももういらない。私は七〇

207　冬・千駄ヶ谷

歳になろうとしている。

冬の陽射しの中をすこし歩いてみよう。時々入ったそば屋の上の「瑞圓禅寺」はそのころは足を向けなかった。ここの墓地に続く仙寿院墓地下の千駄ヶ谷トンネルはいつも歩いていたが、初めて上の墓地に来た。本堂脇に梅が小花を咲かせている。敷地の一角は合葬された無縁墓石がピラミッド型に小山をなし、一柱一柱を丁寧に立て並べて供養している。

〈天保六乙未年七月十四日　皎月圓明信士　玉室慧光信女　霊位〉

〈秀永道松信士　明治四年六月十五日〉

〈湖舟信女　大正四年七月四日〉

〈大正八年二月十二日寂　懽律師澄觀上座　瑞圓廿六世浩一立塔供養〉　の懽律師とは何だろう。〈静観院祥裕温厚居士〉はおだやかな戒名だ。

私はふと思った。無縁仏合葬もいいかなと。世上では知らぬ同士が何かの縁でこうして肩寄せ合って冬の光を浴びている。無縁が有縁になったのだ。いつまでも小さな個人墓で我を張るよりはよいか。

合葬墓に交じる高さ一尺ほどの石仏たちがすばらしい。〈歸一　秋徹童子〉と彫られる菩薩のおだやかな顔。六つの手を、前は合掌、後ろは弓や鍵を持って睨みをきかす童子の金剛。

〈寂知性順禅定尾　霊位〉とある半跏思惟像はどこかのんびり。銘はない女人仏の微かにうかべる笑み。年月の風化が石像を気高くしている。叶わないことだがこれを家に置いて供養したい。

そのまま近くの鳩森八幡神社に行った。休日の午後に案外に人が多く、幼児を抱いた夫婦はお宮参りか。ここは鬱屈をかかえたときなど、たまに散歩に来た。やはり冬が多かった気がする。初めて知った富士塚を、今日も若い男女が手をとり合ってこわごわ登ってゆく。かつてはここから西に富士山が見えたかもしれない。

並ぶ願掛け絵馬を読んだ。〈夫婦共々90歳を過ぎ元気でまっとうしたい。なつかしい千駄ヶ谷の町に65年振りに……〉久しぶりに訪ねた人がここにもいた。私も今年の運勢占いにおみくじを買おう。

東京体育館への道を下りると、国立競技場跡が塀に囲まれて広大な更地になっている。隙間から見える中は土に青草が生え、はるか遠くは青山通りのビル群だ。

一九六四年、オリンピックの年に上京した私はその年の九月、開幕直前の国立競技場を見に行き、通りに連なるバナー（小旗）の洗練されたデザインに目をみはった。日本のグラフィックデザインは黎明期で、若手デザイナーが手弁当で当時の赤坂離宮内に設けられた準備

室に集結。シンボルマークをはじめ、ポスター、入場券、パンフレット、賞状、会場案内な
どを次々に制作。競技や施設を表すピクトグラム（絵文字）は以降の五輪にも受け継がれた。
その組織されたデザイン力は大きな刺激となり、自分はこの世界に生きるのだと決意を新た
にした。

足を向けた絵画館の端正なたたずまいは変わらないが、周辺を大型観光バスが埋めるのは
いただけない。駐車は裏にも及び、ここでも撮影したことがあったが今はできないだろう。
戸が開いている絵画館通用口からそっとのぞくと、美人モデルを立たせて撮影した場所はそ
のままで、瞬時に記憶がよみがえる。デザイナーとして世に問うんだと燃えていた若き日が
そこにあった。

新聞に、国立競技場が更地になって、富士が夕陽にシルエットで見えると写真も載ってい
た。その時刻だが、場所がちがうのか探せなかった。

しかし、夕暮れの彼方に西新宿の高層ビル群が一望だ。ぽっかり開いた東京の大空に胸が
すく。新しい建物を期待するよりも、それが消えた空地に良さを感じるのは年齢のためだろ
うか。この風景も工事が始まるまでのわずかな間だけだ。二度めの東京五輪に向けて、若い
日に私の住んだ周辺も工事が始まるまでのわずかな間だけだ。風景は消えてゆく。私の東京は五輪と五輪の間

だったか。

＊

東京に住んだ五〇年。哀歌は細く物悲しく終わると相場が決まっている。ポケットに手を入れると鳩森神社で買ったおみくじがあった。

〈末吉　かげくらき月のひかりをたよりにてしずかにたどれのべの細道〉

これは捨てないでおこうと、再びしまった。

松本———東京前史

敗戦後の昭和二一年三月、中国北京の日本人収容所で私は生まれた。

すでに日本人の終戦処理故国引揚げは始まっており、私の誕生の一八日後、父、母、二歳の兄、私の四人は北京を出発。持てる荷物の大半は私のおしめだった。天津のテント村で一週間待機して引揚船に乗ったが、ぎゅう詰めの船で、生まれて間もない赤子の生存を危ぶんだ父は、船上の水葬に使う新品の日章旗を用意した。しかし幸い使われることはなく、船は長崎・南風崎に入港。母の実家・大村でしばらく静養の後、父の故郷・長野県松本へ向かい、一家の本格的な戦後が始まり、妹も生まれた。

朝鮮の高等師範を出て中国の日本人学校で教鞭をとっていた父は、長野県の教員免許をとり、県内の小中学校を転任。それにともない家族も引っ越し、私も転校を重ね、やがて高校受験となった。

志望した松本深志高校は戦前の松本中学で父はそこの出身、兄は同高校の二学年上にいた。

そのときの父の赴任先は松本まで汽車で五〇分かかる郡部の小学校。私の合格は松本にいる父の弟が汽車に乗って報せに来てくれた。まだ家に電話機のない時代だった。

安堵していると、その村の深志高校上級生が自転車で来て、後ろに乗れと言う。向かったのは山裾の寺の本堂だ。深志高校には地域中学による「郷友会」という自治組織があり、「筑北郷友会」は近隣の三つの村で作られていた。その「新入生歓迎コンパ」で、合格発表があるとすかさず近隣の者が自転車で連れ出す手はずだ。二年上の兄は準備で先に行っており、私の到着で合格を知った。

交通機関のない田舎の村だ。数少ない女子は、時間になると先輩が自転車で家に送り届けてまた戻り、男子は泊まりとなった。その年の筑北郷友会の新入生は四人。寺の本堂の上座に座らされて出身中学、姓名を言うと、三年生の郷友会長が立ち上がり「歓迎の辞を述べる。君たちは……」と演説した。上級生を含めて全部で二十数人くらいだったか。歓迎コンパといっても、本堂の長机で二年生が作ったライスカレーを食べ、食後は菓子を並べてお茶を注ぎ、しゃべりあう他愛ないものだ。上級生は自分の属する部活動を紹介して勧誘。牢名主然と奥に座る三年生はこっそり酒を飲んでいるようでもあり、完全な大人に見えた。

話が尽きると学校応援歌、旧制高校寮歌、長野県らしく山の歌などを歌う。最後は立ち上がり肩を組んで輪になり、ぐるぐると猛スピードで回ってぶっ倒れる荒っぽいものだ。校歌は神聖なものとされ歌うときは起立して制帽をとらねばならず、こういう席では歌われなかった。

とはいえ中学を出たばかりのまだ子供。夜半を過ぎるとその場で眠ってしまった翌朝「起きろ！」とばかり蹴飛ばされ、並んで正座させられ、「お客さんは昨日まで、いつまでも寝てる奴があるか！」と気合を入れられ、昨夜のかたづけや残ったカレーの朝飯支度に追い回された。カレーは夜中にこっそり生きどじょうを入れたらしく、「食え」としごかれた。

それまでの、何をするにも学校や親の承諾の必要だった中学とちがい、自分たちだけで勝手にやる新入生歓迎コンパは、まさしく子供から青年に脱皮した洗礼の一夜だった。自分は親から離れたとはっきり自覚し、希望に燃えた。もう転校はない安心感に支えられた新しい高校生活は、水を得た気持ちだった。

＊

松本の丘の上に立つ松本深志高校は、正面玄関上に望楼を置き、屋上に尖塔を立てたスク

ラッチタイル貼り三階建ての、東大安田講堂を模したともいわれるアカデミックな威厳があった。ロマネスク風の講堂の入学式に際し、自治会が校舎壁に貼り出した「檄」と頭書した墨痕淋漓の大書に、自分たちは迎えられている、ここに入って鍛えられるのだと気持ちを鼓舞された。

新入生約四〇〇人は講堂一番前に座らされ、後ろに在校生、その後ろに父兄もいた。厳粛に進む式次第の核心は校長挨拶。後に知ったが、当時の岡田校長は学生を前にながい講義をすることを好み、今日もたっぷりやるぞとばかり厚い草稿を手ににやにやしながら壇に進み、友愛と御勘弁の気持ちでブーイングする学生に、小一時間におよぶ長大な講義を開陳。その内容は高度で、並び聞く先生方は熱心だが生徒には難解。しかし校長は「解らなくてもよい、難解なものを聞くことに意義がある」という考えで、もちろん新入生には、少なくとも私には全く理解不能。「……最後に一言、ご父兄の皆様、大切なお子さんは私たちが今からしっかりお預かりします」と結んだことだけを覚えている。一般的な「ご入学おめでとうございます」は全くなく、今からこの学校が預かるというある種事務的な明言に、親から離れて寄宿舎に入れられたように感じた。

式はそれで終わらず、続いて登壇した自治会長の「歓迎の辞」がまた校長に対抗するよう

に長く、内容は社会状況の分析におよび「その中にあって君たちは……」と続いた。すべてが終わると「校歌斉唱、全員起立」。校歌は五番までであり、式では三番まで歌う。

荘重に始まった歌詞もまた申し分なく気宇壮大だった。

そのうるはしき名を負へる　蜻蛉男児に栄えあれ
たてり大和の秋津洲　光栄の歴史は三千年
滄溟遠き波の涯　黒潮たぎる絶東に

＊

進学校ゆえ入学したら勉強漬けという予想は大きくはずれた。この高校の真骨頂は、伝統の六五分授業が午前三科目、午後二科目で終わった後にあり、誰も家に帰らずさまざまな活動にはげんだ。ホームルーム、郷友会、各種部活の三つの組織に属してそれぞれ活動やコンパもあり、学校自治会、さらに旧制中学以来の自治組織「嬌風会」「尚志社」「被雲会」「良

友会」もある。田舎ではあるが名門といわれる高校に入学して来た同じ志を持つ連帯感を、様々な組織に属することで表した。

至高の価値とされるのは、学校の主役は学生にあり、何ごとも学生が決めて運営する、学校はそれを支援するという「自治」だった。「校則」はなく、授業も出欠はとらない。ある学生がさぼって映画を見に行き、学校に戻る途中その先生に会い、「お前、授業出てなかったな」と言われ「映画に行きました」と答えると、映画に詳しいその先生は題名を聞き「それはオレの授業より良い」と言ったという逸話が残っている。

しかしその代わりか、抜き打ちも含め苛烈な試験が待っており、成績が壁に貼り出されるときもある。要は自分で勉強する気持ちを持たなければ遅れるだけという「自学自習」のもとに授業はどんどん進んだ。大切なのは予習で、授業はそれを確認する場とされ、ある数学の先生は重要なところにさしかかると「もう一度言う」が口癖だった。一方、学生の年間最大の行事である学園祭「とんぼ祭」は、実行委員会が今年は五日やりますと言えば学校は了承した。開催中はもちろん休講だ。

課外活動はまことに盛んで、授業が終わると校内はたちまち生き生きとした。部活の運動協議会は戦前からの名門陸上部「天馬会」はじめ、野球、バスケ、体操、相撲、柔道、庭球

など。

盛んな山岳部は規則で女子は不可だったが、一女生徒が敢然と女子山岳部を作ると届け出て、俳号をもつ文芸肌の国語の先生が顧問を買って出たが、随行した第一回山行・アルプス表銀座縦走は最初にへばったとか。

学芸協議会は地歴会、博物会、化学会、英語研究会、数学研究会、ドイツ語同好会、戦前からのフランス語研究会「ゴーロア会」、校誌を発行する文学部、思想性の強い社会科学研究会、音楽部、演劇研究会、映画研究会、心理学研究会などなど。力が余って部活をかけもちする者もいた。

それぞれに顧問の先生はいるが名ばかり、運営実行はすべて学生。野球部は甲子園をめざして自主的にはげみ地区大会に出場、勝ったり負けたりしていた。それでも戦後まもなく、初戦敗退ではあったが一度だけ甲子園に出場したのが誇りだった。

寺や公民館で開かれる郷友会コンパの夏の定例は「試胆会」だ。一年生のある夜、なんだか人が抜けていくなあと思っていると「今から試胆会に移る」と宣言。深夜一人ずつ暗闇の山の墓場の最奥部に自分の名を書いた紙を置いてくる肝試しで、そっと出ていったのはその準備だ。自分の番も来て、余裕然と空口笛を吹いて出たが……。翌年は脅かす仕掛けの準備に嬉々として抜け出ていった。

219　松本——東京前史

毎年新入生教育に最も熱心なのは、学生は全員が応援団員という考えの総元締たる「応援団管理委員会」だ。新入生は入学式の午後から一週間、毎日授業が終わると校舎屋上に集められ応援歌の指導を受ける。黒い学生服に身をかためたバンカラ上級生は中学を出たばかりの子供には先生より怖く見えた。

　　嗚呼アルプスの霊をうけ
　　理想は高き若人が
　　奮いて立てる意気を見よ

　　伝統こゝに八十年
　　古城の下にきたえたる
　　蜻蛉男の子よいざ起たん

　歌詞は記憶ですらすら書ける。古城は松本城。「松本城」の正式名称は地名に由来する「深志城」で学校名にふさわしい。校歌にも出てくる蜻蛉は、日本の別名・蜻蛉島の高天ケ原に立つ神武天皇の天孫降臨古事により、校章は「高」の字にトンボが留まる図柄。まこと

に大時代な意気込みは地方高校の顕示欲でもあろう。

しかしそれでよし。志気を鼓舞する応援歌は数限りなくあり、勝利、敗戦に歌う歌も決まっていた。また学園祭「とんぼ祭」に歌われる叙情をたたえた歌もいくつもあった。

歌だ。歌はことあるごとに歌われ、歌が学校を一体にしていた。

　　　　　　＊

私は美術部「アカシア会」に入った。

我々が東洋一のアトリエと呼んでいた二階分の高さを持つ自然採光大窓の美術教室の隣が部室で、本来は美術の先生の研究室だが、いつのまにか大半を占領していた。

蒸気機関車で片道五〇分の通学は、朝は駅まで走り、帰りはもっと学校に居たくても最終列車に乗るしかなかった。家に帰れば寝るだけで生活のすべては学校にあった。登校してもホームルームの教室には行かずまっすぐ部室に来て、授業の間も、また放課後も部室が学校生活の場であり、ロッカーに教科書を置いていた。学校生活はすべてが自由。食べ盛りの高校生は一時限が終わるとすぐ弁当を食べてしまい、昼はパンを買い食いだ。弁当は、数少な

い女子（当時で一割すこし）もふくめほとんどの生徒は教室ではなく、屋外の庭など好きな場所で好きな時につかった。

入部して最初の作業は鯉のぼり作りだ。戦後すぐに校長が、新入生も来る五月に、何か学校の意気上がるものを屋上に立てよう、鯉のぼりなんかどうだと始めた行事はアカシア会が制作するのが伝統だった。

鯉は全長一〇メートルもある巨大なもので、まず麻紐を編み、そこにニカワで紙を貼って着彩する。大きく開けた口は竹で輪を作る。出来上がると校長に筆で「目入れ」をしてもらい、口径一メートルほどに開いた口から順番に胴をくぐり抜けると完成だ。それを持って屋上に上がり、長い竹ざおにつなぎ揚げた我らの大鯉は、満腔に風をはらみ、ばっさばっさと泳ぎ始めた。その気持ちよさ。皆でこういうことをする学校に自分は入った、もう子供ではない、なんでもどんどんやるぞという充実感を今も忘れない。その大鯉はずっと屋上に泳ぎ続け、一カ月ほど後には尾も切れてぼろぼろになった。

アカシア会員は二十数名。新入生が四〇〇人もいれば必ず絵好きはいた。趣味ではなく美術大学を志す者もいて、二年上からは二人（浪人してだが。うち一人は私の兄）、一年上からは一人が現役で東京藝大に入ったのは立派だった。進学校に美系志望者は異端的存在だが、

地方高校はどこもそんなものだったろう。

アカシア会の目的は絵を描いて展覧会を開くこと。「必ず出品」が最重要とされ、展覧会飾り付けが終わると全員で合評会を開いた。指導者はいないから絵はばらばら。地味な風景画からシュールリアリズムを標榜する天才肌まで作品はおおいに異なり、自分の作品が批評される番が来るとどきどきした。子供のころから絵は好きだったが、各中学から絵好きが集まってみれば私の才能は大したことはないと次第にわかってきた。見てもらうデッサンはいつも「ウーン、描写力はあるけど……」と言われたが意味がわからなかった。それは形の表面しか見ていないということだった。

夏休みに入ると、とんぼ祭のための合宿だ。アカシア会だけでなくどの部もそうで、下の音楽部の練習は毎日聞こえる。合宿所があるわけではなく、布団を持ち込み教室に机を並べて寝る。合宿予定表を大書して貼ると気分が出た。授業のない学校で仲間と生活できる嬉しさは寄宿舎が実現したようだった。消灯時が過ぎても寝ない。夜陰に乗じて近所のりんご農園に忍び込み、木からもいで頂戴してきたこともある。もちろんいけないことだが、農園の方はそんな稚気を大目に見てくれていたようだった（すみませんでした）。

夏休みを終えると、いよいよとんぼ祭の本番準備で学校は不夜城と化し、先生は「この間

は授業にならん」とあきらめ顔だった。

始まる日の前夜祭。応援団管理委員会は、まだ残暑厳しい時にその秋最初の真っ黒な詰め襟学生服で臨むのが伝統で、行事の仕切りや警備、女学生の送りなど、ここぞと学校中に睨みをきかせた。

すべての教室は研究発表展示で埋め尽くされ、アカシア会はアトリエでは絵画、望楼のある正面玄関上の大教室ではデザイン・彫塑・建築などの作品を展示、ついでに枯木を山のように積み上げて白ペンキをぶっかけた「オブジェ」も置いて煙に巻いた。とんぼ祭のポスターは公募して実行委員会で審査され、私は三年生の時に一等をとり、アカシア会の気を吐いた。このポスターは印刷された初めての作品、いわば処女作だ。

音楽部の本格演奏発表会とはべつに、各種団体による「合唱コンクール」が恒例で、アカシア会の歌は毎年一つ憶えの「丘を越え行こうよ～」と始まる『ピクニック』。優勝は、はなからあきらめ、思い切り絵具だらけの服で絵筆を指揮棒に歌った。演劇公演や弁論会、模擬店、夜の庭に映える灯籠コンクールなど催し物は山ほどある。市内の映画館を借りた映画鑑賞会はルネ・クレール監督『リラの門』、ジョージ・スティーブンス『ジャイアンツ』、ミケランジェロ・アントニオーニ『さすらい』、マルセル・カミュ『黒いオルフェ』、大島渚

『日本の夜と霧』などレベルは高かったと思う。

その間、先生はもちろん出勤しているが、職員室の窓を廊下に開け放ったまま開店休業、まあ学生のやっていることだからと、自分たちは碁を打ったり、本を読んだり茶飲み話をしていた。

全員参加の体育祭は、クラス対抗の仮装行列が恒例で、モデルにされる先生は何をされてもの覚悟だ。わがクラスの、あご髭の白い袖山先生はかつて「神武天皇」に仕立てられたのがあまりに似合い、以降あだ名「神武さん」が定着していた。競技の華は棒倒しだ。相撲部が裸のまわし姿で棒を囲み、さあ来いと腰を構える姿は迫力があった。

楽しみはフォークダンスだ。輪になってパートナーチェンジしてゆく『オクラホマミキサ』は、ふだんとちがうスカート姿の数少ない女学生の順番が来るのを期待するが、直前で曲が終わってダーとなることが多かったのは不思議だった。詰め襟学生服でデビューした舟木一夫の『高校三年生』がヒットした年で、歌詞「ぼくらフォークダンスの手をとれば　甘く匂うよ黒髪が」は実感があった。

すべてが終わった最終日は展示品、灯籠などを山と重ねて火をつけるファイアストームだ。夕闇に燃える赤々とした火を輪に囲み、肩を組んで歌う「祝記念祭歌」は感傷をもりあげた。

＊

　地方都市の松本は城下町だ。各地の城の多くは石垣を巡らせた高台にあり、それは戦国に不落とする近づき難さのためだが、合戦のなかった松本城は平地の水濠に囲まれて立ち、市民は朝な夕なに濠辺を歩いて目の高さの真横に城を見る。水鏡に映る逆さまの姿、夜はライトアップされて映る姿はとりわけ美しい。市の中心につねに在る城は、松本の人心安定の象徴として今も現役だ。戦災のなかった町は昔の家並みがよく残り、行政の中心である長野市とちがう商業都市で、市内を流れる川のまわりは映画館や老舗の蕎麦屋、露店などが並んでいた。

　授業が終わって部活もないときは坂をおりて市内に出ることもあったが、高校生の行ける所は本屋くらいしかなく、たまに喫茶店でコーヒーを飲むと、いっぱしの不良になった気がした。今とちがって女子とデートするなど考えられず純情なものだった。制帽、黒ズボンに一年中下駄。下駄は薄くなると左右に割れ、ぶら下げて帰った。

　最大の楽しみの映画はとぼしい小遣いではなかなか行けないが、若い時の吸収力はたいし

たもので『十戒』『ベン・ハー』『ニュールンベルグ裁判』『太陽がいっぱい』『地下室のメロディー』『赤い河』『荒野の決闘』『昼下がりの情事』『ローマの休日』『戦場にかける橋』『鉄道員』などなど鮮明に憶えている。ピエトロ・ジェルミ監督のイタリア映画『わらの男』に出ていた女優フランカ・ベットーヤの哀切な美しさに年上女性への恋心を覚え、それは後年のイタリア映画好きの端緒になったかもしれない。最も打ちのめされたのは、東宝系の劇場にかかった『用心棒』公開にあわせた黒澤明特集で『酔いどれ天使』『野良犬』『七人の侍』『生きる』を見た興奮はいつまでも続いた。今も続いているとも言える。

そんなことをしているうちに成績はどんどん下がった。他方、ひまがあれば勉強している秀才がいることも知った。しかし、だからどうした、あいつは勉強好き、オレはそうではない。自分は自分で今を大切にしているという公平な雰囲気が学校にあり、先生もその校風をよしとした。

私は漠然と美術方面に進もうかと考え始めたが、こちらこそはいくら勉強を重ねても才能がなければ話にならない。自分にそれはあるか。親は、その方面は兄だけで充分、お前は安定した将来が望める方向に進んだらどうかと言った。

三度目のとんぼ祭が終わった。三年生はこれを最後にすべての活動から身を引き大学受験

に専念するのが決まりだ。三年生はその日を境に下級生には口もきかなくなった。高校生活は終わったのだ。教室は静まりかえり、先生はここぞとばかり授業を進め、学生は吸い取り紙のように吸収してゆくのがわかる。三年生の教室のある階は別の学校のようになった。私は親の勧めで汽車通学をやめ、松本市内のアカシア会の友人宅に下宿することになった。

小さな村の子供だった中学時代。県内から集まってきた同じ志を持つ者が仲間となった高校時代。次の大学は全国が相手だ。気になるのは東京の美大専門予備校に通っている受験生だ。さらに東京藝大あたりは二浪、三浪は当たり前、四浪、五浪の猛者もいるときく。東京の学生の水準を知るために、浪人中の兄が通っているお茶の水の美大専門予備校を訪ね、教室に置かれたデッサンの水準は絶望的に高いと知った。しかしもう後戻りできない。

ある日、何かに導かれるように校舎の屋上に一人立った。三年前、入学早々に応援歌指導でしごかれた屋上は、冬の日の今は誰もいない。

遠い南の山並みは一部が切れている。その先が東京だ。

さあ東京に出て勝負だ。どうなるかわからないが広い世界に出てゆこう。

自分を育ててくれた高校よ、おさらば。しばらく南の山を見て、オレはこれからは一人でやってゆくと決心をかためた。独立の時だった。

あとがき

季刊雑誌『kotoba』に三年間連載した「東京エレジー」に「居酒屋十二景」の副題をつけてこの本にしていただいた。「松本──東京前史」は、編集者に東京以前も書いてみませんかと提案されて書き下ろした。

連載を終えてからなくなった店もあり、大変貌中の銀座もあり、何より次のオリンピックを目指した国立競技場の新築など、東京の変容はつねに進行形だ。

一八歳で上京して五〇年が過ぎた。人生のほとんどは東京となり、その時々の日々が東京の各所に重なっている。住むようになって知ったのは、生粋の東京生まれの人は、東京のあちこちに出かけて行かない、東京を知ろうという欲はあまりないことだ。逆にこちらはまだお上りさん気分が抜けないのか。

しかし、東京ほどいろいろな土地柄のあるところはないと思う。その土地柄と自分を重ね合わせるのはおもしろい作業だった。どこに行っても自分が顔を出すものは見つかった。見つかりすぎて恥ずかしいところもあった。

それはまた、そこに行くと、自分のある一面が強調されるというか、場所の居心地を作った。私はどこに行っても、そこの居酒屋で盃を傾けて、土地の懐ろに居る気分に浸る。銀座と浅草と阿佐谷では、同じ酒でも味が違う。銀座は見られるのを意識し、浅草は初めから無礼講、阿佐谷は文学的になる。いささか酔って、また歩く気分も格別だ。

そうして思うのは、年齢ゆえの過去への追憶だ。この場所であんなことがあったなあ、あの人とはあれきりだなあ、あれが人生の分かれ目だったんだなあ。いろいろあったが、今はこうして一人盃を傾けている。もう不満を言う歳でもない。盃が友達だなあと。

　　　　　二〇一六年一二月　太田和彦

挿絵　沢野ひとし

装丁　横須賀拓

JASRAC 出1613242—601

初出　季刊誌『kotoba』
（2013年6月〜2016年3月連載）

※単行本化に際し加筆訂正（文中に登場する
店舗、値段等は、取材時の描写を生かすため、
初出時のものです。閉店、廃業している店も
あります）

太田和彦　（おおたかずひこ）

1946年北京生まれ。長野県松本市出身。68年資生堂宣伝部制作室入社。89年独立し、アマゾンデザイン設立。本業のかたわら居酒屋探訪をライフワークとし、多数の著作やテレビ番組がある。『ニッポン居酒屋放浪記』『居酒屋百名山』『みんな酒場で大きくなった』『居酒屋を極める』『ニッポンぶらり旅』（シリーズ）他。

東京エレジー　居酒屋十二景

2016年12月20日　第1刷発行

著　者　　太田和彦（おおたかずひこ）

発行者　　茨木政彦

発行元　　株式会社　集英社
　　　　　〒101-8050
　　　　　東京都千代田区一ツ橋2-5-10
　　　　　電話　編集部　03（3230）6141
　　　　　　　　読者係　03（3230）6080
　　　　　　　　販売部　03（3230）6393（書店専用）

印刷所　　図書印刷株式会社

製本所　　ナショナル製本協同組合

定価はカバーに表示してあります。
本書の一部あるいは全部を無断で複写・複製することは、法律で認められた場合を除き、著作権の侵害となります。また、業者など、読者本人以外による本書のデジタル化は、いかなる場合でも一切認められませんのでご注意ください。
造本には十分注意しておりますが、乱丁、落丁（本のページ順序の間違いや抜け落ち）の場合はお取替え致します。購入された書店名を明記して小社読者係にお送りください。送料は小社負担でお取替えします。但し、古書店で購入したものについてはお取替えできません。

©Kazuhiko Ota 2016. Printed in Japan
ISBN978-4-08-781622-8　C0095